現代に息づく 東海のDNA

後藤 治彦

東海地方に影響を与えた
普通の人たちの歴史物語

中部経済新聞社

はじめに

普通の人たちが社会を動かしてきた。農民や商人、職人、役人ら特別ではない人たちが今の時代に影響を与えている。信長、秀吉、家康ら英雄が登場する歴史の物語は人気がある。しかし、私たちとそれほど違わない人たちの物語にも興味深い話が多い。年月が経っても、その人たちの人生が失われることはなく、現代の社会に息づいている。ものづくり、都市計画、治水、渡来人など、こうした東海地方のあまり知られていない八つのエピソードを集めた。

本書は中部経済新聞紙上で２０２０年６月１日から９月30日まで84回にわたり連載した「現代に息づく東海のＤＮＡ」を修正、加筆したものである。取り上げた時代は、奈良時代や江戸時代などさまざま。最近の話題もあり、「難産の末の中部国際空港、愛知万博」は、空港開港、万博開幕までに実際に何があったかを記した。「尾張藩連携事業」は、歴史の遺産を今後の地域振興に生かす話である。いずれも東海地方の「ＤＮＡ」といえる知っておきたい話である。

後藤治彦

目次

はじめに　3

1 先進ものづくり――渥美窯　7

2 ロマンチック都市の誕生――昭和初めの都市計画　27

3 名古屋を守る江戸時代の治水――新川開削　39

4 渡来人伝承――多様性のある東海の古代社会　67

5 難産の末の中部国際空港、愛知万博——戦前から博覧会をバネに地域整備 81
6 尾張藩連携事業——旧・尾張藩のつながりを現代に生かす 129
7 尾張VS三河——地域性の違いは弥生時代から 155
8 食は尾張から——尾張と言えば大根だった 173
あとがき 190
主な引用・参考文献 192

本書の主な関係地図

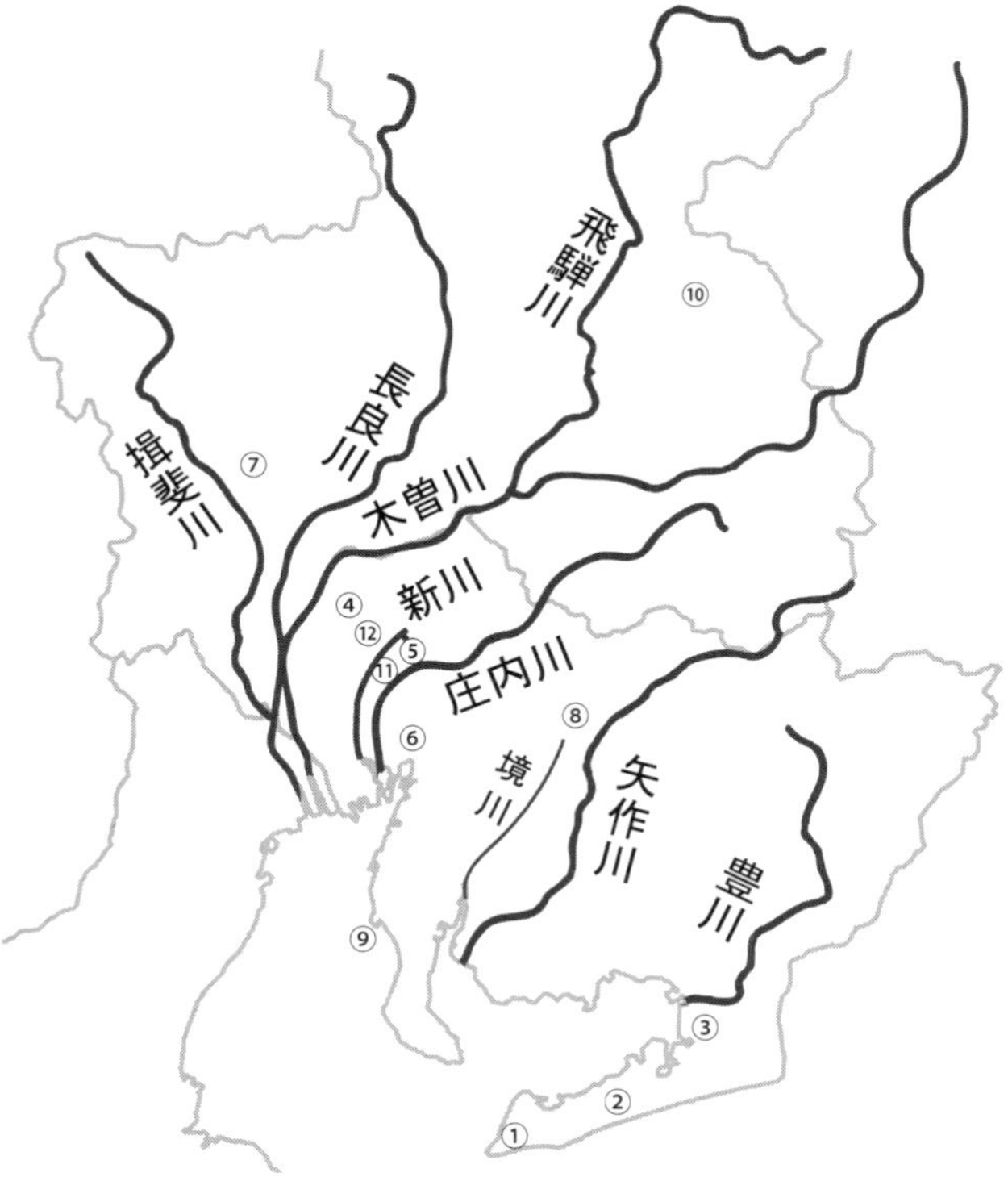

①伊良湖
②大アラコ古窯
③豊橋市
④一宮市
⑤新川の洗堰
⑥熱田神宮
⑦旧・席田郡
⑧愛知万博会場
⑨中部国際空港
⑩加子母
⑪下小田井市場
⑫宮重

1 先進ものづくり
——渥美窯

12世紀から13世紀にかけて、渥美半島がものづくりの先進地域であったことは広く知られていない。陶器づくりで、瀬戸や美濃が到達できない高みに渥美の工人たちは達した。渥美の工人たちは海を渡り、遠く東北地方でも陶器づくりをした。なぜ渥美半島で最高の陶器づくりが成立し、そして長く続かず途絶えたのか。現代の私たちは学ぶことがある。

中世の渥美半島で最高級の陶器づくり

東海地方はものづくりの先進地として知られる。先進地であるのは現代だけではない。この地方には技を極めたものづくりが歴史のなかで度々現れる。地下水の流れのように受け継がれてきた。今の景観からは想像が難しいが、渥美半島は12世紀から13世紀にかけてものづくりの先進地であり、最高級の陶器づくりをしていた。また、弥生時代から古墳時代にかけての伊勢湾岸では、S字状口縁台付甕（えすじじょうこうえんだいつきがめ、S字甕）という当時の最高品質の土器をつくっていた。

渥美「灰釉芦鷺文三耳壺」
（愛知県陶磁美術館蔵・松永記念館寄贈、平安時代末期）

過去と今日の東海地方のものづくりには共通点がある。もともとは他の地方や海外から伝来した技術に磨きをかけ、創意工夫を加えて、新しい命を吹き込み、この地方で最終的な完成形に仕上げている。そして、東海地方にとどまらず、外へ積極的に出ていく。東海地方の製造業は明治時代から海外進出に挑み、グローバル化を進めてきたが、国内外への進出志向は古くからの伝統である。渥美半島の陶器づくり・渥美窯（よう）は宮城県石巻市に〝工場進出〟し、その窯跡が発見されている。

なぜ、この地方で先進的なものづくりが可能だったのか。資源に恵まれているわけではない。京都など大消費地からも離れている。

現代の目で見ると、それほど有利な立地条件ではないが、二つのことが言える。多様な人材やものを結び付けることに優れ、それを組織するリーダーがいたと推測されること。二つ目が東海地方は大消費地から離れているものの、東西交流の要であること。海上、陸上のいずれも人とものの流れがこの地方を経由していた。

渥美窯でもこの二点を指摘できる。三河に赴任した当時の国司らが組織化にリーダーシップを発揮したようだ。加えて、物流面も恵まれていた。陸上交通が中心の現在の視点では、渥美半島は物流に不利にみえる。しかし、海から見ると、渥美半島は太平洋側の東西交流の中央に位置する。

東海地方の先進ものづくりの代表例として、渥美窯を主に取り上げるが、弥生時代のパレススタイル土器、S字甕などから明治時代の近代産業へ、東海地方のものづくりの伝統は受け継がれてきた。

東大寺の瓦も渥美で生産

国宝に指定される国産の中世陶器は渥美半島の渥美だけである。「秋草文壺」（あきくさもんつぼ、平安時代末期、川崎市出土）がそれであり、加えて三重県出土の渥美が考古資料として国宝に指定されている。また、愛知県陶磁美術館が所蔵する「灰釉芦鷺文三耳壺（かいゆうあしさぎもんさんじこ、平安時代末期）が重要文化財に指定されている。同時代の中で渥美窯が際立っていたことがわかる。

渥美窯は中国製のものまねではなく、独自の焼き物の世界を切り開いた。全体に黒っぽい色で、粒の粗い胎土（たいど、原材料の土）を使い、作り物ではない温かさや自然な雰囲気を感じさせる。高級品には竹べらで絵や模様を描き、芸術表現を試みている。陶工に加え、優れた絵師も制作にかかわった。釉薬（ゆうやく）を施す灰釉（かいゆう）陶器も12世紀の製品には多い。

当時の支配層は渥美の高級品を身の回りや寺院に置いたり、贈り物にした。経塚にもしばしば埋納した。対岸の伊勢南部、東三河など近隣地に加え、東北から九州まで太平洋岸を中心に各地へ出荷されていた。なかでも、平泉の奥州藤原氏は重要な得意先だった。

壺（つぼ）、甕（かめ）、山茶碗（わん）、皿など多彩な品目があった。近隣には山茶碗などの日用品、遠隔地には壺、甕などの高級品を主に出荷した。

奈良の東大寺からは瓦の注文を受けている。源平の争乱で東大寺大仏殿は焼失し、鎌倉時代初頭の１１９５年に重源により再建された。東海地方の瓦づくりは猿投窯など他の窯業地でも実績があったが、選ばれたのは渥美製であった。東大寺の瓦を焼いた窯は伊良湖岬の近くにあり、今でも窯跡を見学することができる。

伊良湖で造られた瓦は海路で東大寺まで運ばれた。対岸の伊勢まで運びその後は陸路、あるいは紀伊半島を回るルートのどちらか。たぶん後者であろう。大阪湾まで運べば、そのまま大和川をさかのぼり、東大寺の近くまで水路で行くことができる。

伊良湖は海の道の交差点だった。多くの船が運行され、人々が行きかった。

知多半島沖の篠島に「清正の枕石」と呼ばれる旧跡がある。加藤清正による名古屋城石垣の採石場跡である。現代人は島から切り出したことに驚くが、海を経由すれば、重量のある巨石や瓦を容易に運ぶことができた。

渥美窯は12世紀初め頃に始まり、13世紀末、14世紀初め頃まで生産が続いた。活動期間は長くないが、渥美半島のほぼ全域に５００基を超える窯があったとされる。渥美窯のなかでも、生産規模が大きく、品質にも優れたとされるのが半島中央部にある「大アラコ古窯」（田原市芦町）である。遺構は埋め戻され、今では農地になっている。のどかな農村風景を見ていると、ここで先進的なものづくりが行われていたとは思えない。

ものづくりを組織化

渥美半島は全国屈指の農業生産を誇り、野菜や花きなどで産地形成をしている。観光地としても人気がある。トヨタ自動車田原工場が操業するなど近年は製造業も活発だが、豊かな農村風景と陶器の名品産地とのイメージの差は大きい。活動を終えると、その後の時代には地元でも渥美窯の記憶が失われた。

なぜ、渥美半島で先進的なものづくりが可能だったのか。東海地方には陶器づくりの長い伝統があった。猿投窯など古墳時代から脈々と陶器づくりが受け継がれてきた。渥美窯の成立経緯ははっきりしないが、渥美半島に優秀な職人が突然現れたのではなく、近接する二川窯をはじめ東海地方の陶器づくりの伝統を基盤にしているのだろう。

渥美半島の地理を頭に思い浮かべていただきたい。海のルートを使えば、対岸の伊勢を経由して京都へも近く、中央との人の往来も活発であり、先端の文化や情報も入りやすかった。渥美製は高品質なうえ、搬送も海上経由で効率がよかった。渥美の土は砂質分が多く陶器生産には不利であり、原材料には恵まれないが、それを除けば決して悪い立地条件とは言えない。

渥美運動公園内の「皿焼古窯館」

加えて、陶器づくりを組織化し、販路を確保したリーダーの存在が指摘されている。藤原顕長（あきなが）は12世紀前半に三河守（かみ）を長く務めた。1136年から45年までと、1149年から55年まで三河守を務め、この間の数年は隣の遠江守であり、三河守の離任後も三河に関与を続けたとみられる。

渥美窯の成長期は彼の在任期間と重なる。渥美窯のなかでも規模が大きい大アラコ古窯では彼の名を刻んだ壺が生産されていたことが分かっている。大アラコ古窯は国司により組織化され、製品が企画されて各地に流通したようだ。

顕長は平安時代後期の院政を支えた実務官僚の家（葉室

流）の出身であり、一族を通じてネットワークを持っていた。得意先の奥州藤原氏への販売には、彼の一族の力があったようだ。

伊勢神宮の神官の名を刻んだ渥美製の経筒外容器も見つかっている。伊勢神宮は渥美半島に勢力を伸ばし、「伊良胡御厨」などの神宮領を成立させている。伊勢神宮も渥美窯の組織化にかかわった。さらに、東三河や伊勢の有力寺院などの関与も考えられている。渥美運動公園（田原市小塩津町）内の「皿焼古窯館」は渥美窯の遺構がよく保存されている。この立派な生産設備を見ると、企業化を図った経営者の存在が浮かんでくる。

東北に渡った渥美の工人

東海地方の産業界は国内外に進出しているが、渥美の工人たちは今から９００年も前に外の世界に出ていった。12世紀前半、宮城県石巻市水沼で渥美窯の〝東北工場〟を設けて、平泉の奥州藤原氏に陶器を提供したことが発掘調査から分かっている。工人たちは渥美半島から海路で渡り、東海地方のものづくりを東北の地で行ったのだろう。

発掘調査は石巻市教育委員会が１９８３年に行い、「水沼窯跡発掘調査報告」として翌年発表している。この報告によると、窯の構造や製品の特徴、焼成技法からみて、水沼窯は渥美半島の工人がこの地にやってきて開設したとしている。その年代は12世紀前半であり、渥美の陶器づくりが輝いた時期である。窯は八基あり、このうち三基から陶器が出てきた。

水沼は北上川の河口近くにあり、平泉まで直線で65キロの位置にある。同報告書は、水沼の製品は北上川の水運で奥州藤原氏の拠点である平泉などへ運ばれたと推測している。渥美から工人を招いたのは奥州藤原氏とする。この頃は藤原清衡が中尊寺造営などを盛んに行っており、「平泉藤原氏は、渥美や常滑地方から寺院や居館の調度品・経塚の埋納用品として必要な高級陶器を買い入れると同時に、渥美半島から工人を招いて現地生産の場として水沼窯を築かせたのではないか」としている。灰釉を施した製品はないが、内部の器面調整が渥美製より丁寧な印象があるという。水沼に渡った工人が実直な人柄だったのだろう。また、渥美窯の工人は壺、甕などの専門と山茶碗類の工人に分かれるが、水沼に渡った工人は甕、壺の工人との推測（「愛知県史・窯業

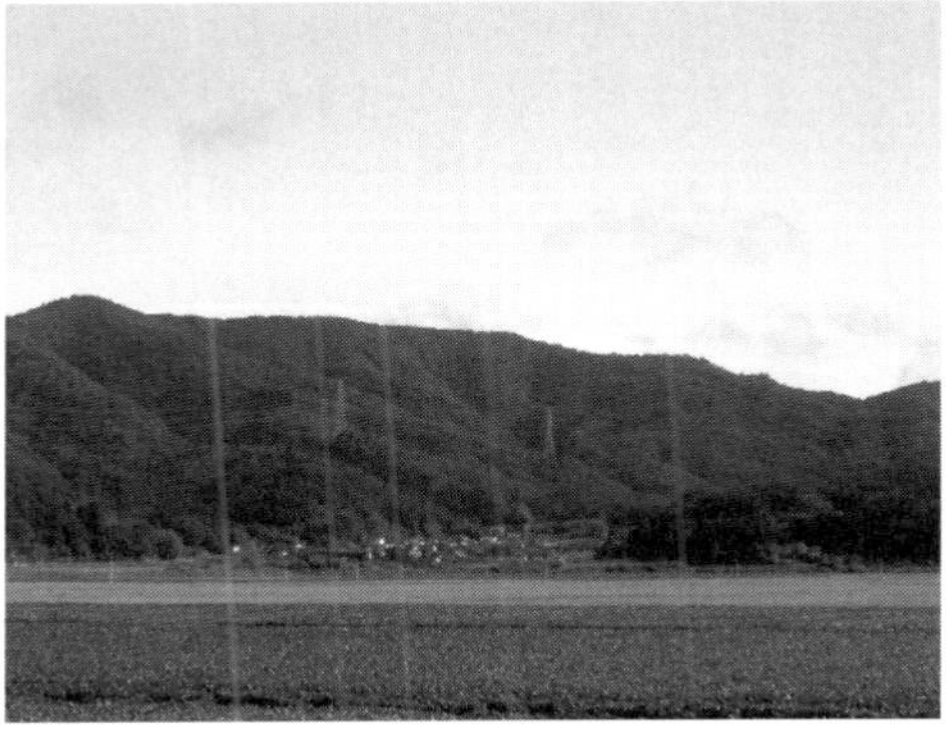

石巻市水沼地区

3」）もある。

石巻市教育委員会は奥州藤原氏が渥美の工人たちを招請したとしているが、筆者は渥美の工人たちの意思もあったと思う。東北への移動では、国司ら上からの働きかけがあったのだろう。それでも、先進的なものづくりを可能にした進取の気性があってこそ、はるばると東北まで渡り渥美窯を開設できた。

渥美に加え、常滑の製品も東北で供給されていた。渥美と常滑の流通範囲は奥州藤原氏の勢力圏とほぼ一致する。東海地方の高価な製品を購入できるのは、奥州藤原氏とその関係者に限られたようだ。

東北地方の渥美窯の現地工場は石巻市水沼に加え、平泉にもあった可能性が指摘されている。当時のものづくりに携わる人たちも外へ出ていこうとした。

土砂採取作業中に水沼窯を発見

渥美の工人たちは現在の石巻市水沼で陶器づくりを始めたが、筆者は2015年8月に現地を訪れ、水沼窯跡を所有する方に話を聞いた。

渥美半島と石巻では生活環境も異なる。過去の工人たちの気持ちを肌で感じたいと思った。水沼に訪れてみると、地元でも水沼窯のことが忘れられていた。石巻市教育委員会の発掘は１９８３年にあり話題になったが、訪問時には水沼地区の住民でも一部の人を除きその所在地さえ知らなかった。水沼地区の東日本大震災の被害は軽微であり、震災前と同じ風景が広がっていた。

ようやく探し当てた窯跡は山沿いの民家の敷地内にあった。記念碑などはなく、ここに水沼窯があったことは景観から分からない。

土地所有者の方によると、訪問時には廃業していたが、その家族は建設業を営んでいた。１９８０年代の初めに石巻市内の大学キャンパスの用地整備の用土として自宅敷地内の裏山斜面を削り取ることにした。これが水沼窯発見のきっかけである。１９８１年に土の採取を始めると、窯跡や陶器が現れ、「これは貴重な遺跡ではないか」と驚き、土の採取作業を中止し、石巻市教育委員会に申し出た。以前から自宅敷地内から陶片がよく出てきたそうだ。話を聞いたのは窯跡発見当時の事業主の御子息で、「子供の頃に土いじりをしていると、陶片が出てきて不思議に思っていた。その陶片を投げてよく遊んでいた」という。

連絡を受けた石巻市教育委員会は国の補助を得て発掘調査を行い、東海地方からはるばる工人集団が渡ってきたことが判明した。発掘調査後、窯跡は崩されて現在は残っていない。しかし、この家族が歴史遺産に敬意をもち、土の採取作業を中断して、発掘調査に協力したことで貴重な歴史が記録され、東海地方の工人たちの足跡が現代に伝わった。

渥美窯は、当時の東北の陶器づくりの水準から技術的に飛び越えたものだった。水沼窯の製品は渥美製と同じように、奥州藤原氏に提供されたが、高額な対価を支払ったことだろう。

渥美窯、社会変化と運命をともにする

渥美半島は優れた陶器づくりを誇ったが、最盛期は長く続かなかった。渥美窯は12世紀初頭に生産が始まったとされるが、13世紀に入ると、山茶碗と呼ばれる日用品を中心とする生産に変わっていく。それまでは壺や甕などの高級品と山茶碗の双方を生産していたが、日用品産地に変貌する。販売先も近隣地が主体となった。販売に苦労し、生産規模が縮小し、仕事場の雰囲気が荒れるようになり、品質が劣化していく。産地としての技術革新も止まり、常滑や瀬戸から引き離されていった。13世紀後半には生産活動が終盤を迎える。

東海地方の陶器産地の常滑や瀬戸、美濃はその後の時代の荒波を乗り越えて、今日まで生産活動を継続し、日本を代表する陶磁器産地に成長した。渥美の活動期間は200年ほど、このうち

輝いていたのは１００年ほどのことだ。今、渥美半島で陶器づくりが盛んだったことを知る人は少ない。

トップランナーの渥美窯がなぜ消えていったのだろうか。理由を簡潔に述べると、時代の変化を見誤り対応できなかった。渥美窯が活動した期間は、平安時代後期の院政期から鎌倉時代にかけての歴史の転換期であった。武士階級が勃興し、新しい有力者が生まれ、社会が大きく変容した。奥州藤原氏ら既存の特権階級が没落して得意先がなくなり、この一方で新たに登場した人たちは異なる意匠の質のよいリーズナブルな対価の製品をほしがった。また、経塚の造営が減り、渥美が得意とする経筒外容器などの需要が縮小していった。

農地になった「大アラコ古窯」

渥美も転換を図ったと思われるが、常滑などとの産地間競争に敗れ去った。渥美窯は国司や伊勢神宮などから強力なバックアップを受けており、良いものを作ればよかった。このため、時代が変わっても後手後手になりがちだったのではないか。常滑には強い後ろ盾がなく、かえって市場ニーズに迅速に対応できた。

それに、渥美には新しい需要に不利な面があった。渥美の土は粒が粗く、それを高い技術力で補い高級品に仕上げていた。生産性が競争力となる時代になり、常滑などの良質な土を原料とする産地が有利だった。焼成方法も渥美より常滑の方が効率的だった。

渥美半島から東北地方に進出した水沼窯も長くは続かなかった。石巻市教育委員会によると、操業期間は短期間としている。鎌倉時代になると、常滑製品とよく似た陶器が宮城県や福島県で生産されており、次は常滑窯の技術が東北に導入されたとみられる。

現代も参考になる渥美窯の盛衰

渥美窯の物語は、今日の企業経営でも参考になる。渥美は最高級、最高品質の評価を得ながらも、社会が変化し、需要構造が変わると経営の歯車が狂いだした。

同じことが東海地方の地場産業でも繰り返されてきた。毛織物など東海の地場産業は最高品質を誇る。多品種小ロット生産を特徴とし、渥美窯のように特注品生産に近い。激しく変化する時代にあって、最高品質を追求しているだけでは成長が続かないことを中世の渥美窯が示している。明治期以降の企業の変遷をみても、同じような事例が少なくない。社会の課題に応えているかどうか、事業の定義を常に問う必要がある。

渥美窯の活動期は現代と同じように、歴史の転換期だった。この時代の社会変化を表す象徴的な事例として、国宝「一遍聖絵」（いっぺんひじりえ）で時宗の開祖・一遍が甚目寺（愛知県あま市）を訪れた場面がよく取り上げられる。一遍は1283年に甚目寺で7日間の行法を行った。一遍一行を喜捨供養で支えたのが鎌倉街道の萱津宿（あま市）の有徳人（うとくにん）と呼ばれる富裕層だった。萱津宿は甚目寺に近く、庄内川と五条川の合流地点にあり、陸運と河川交通の結節点で富が集まっていた。14世紀の「尾張国富田荘絵図」には、萱津に寺院が建ち並びにぎわう様子が描かれている。

渥美窯が幕引きをした時期は、こうした人たちが力を蓄えつつある時代であった。新しく社会に躍り出た人たちは既存の支配層と求めるものが違った。渥美窯は終わりゆく時代の世界観にそまっていたが、台頭した人たちは新しい文化をつくっていった。

萱津。中世に「萱津宿」として栄えた

その後、工人たちはどこへ行ったのか。渥美半島で就農したり、別の窯業地へ移動したのだろう。

S字甕が誕生

東海地方は全国を代表する製造業の中心地である。自動車、工作機械などこの地方が世界をリードする分野が少なくない。多くの知恵を集め、組み合わせ、磨き上げ、新たな技術を加える。この地方は改良により、既存の製品に新たな命を吹き込むことが得意である。

こうした特徴は今に始まったことではない。渥美窯も既存技術をもとに独自性を打ち出した。東海地方のものづくりの象徴として、渥美窯とともに、S字状口縁台付甕（S字甕）を取り上げたい。

S字甕は、弥生時代が終わりに近づいた2世紀から古墳時代前期頃にかけて伊勢湾岸地域でつくられ、長く愛用された。画期的な調理用の土器であり、筆者には現代の東海地方のものづくりと二重写しに見える。

軽く、美しい。口縁部がS字状になっている。手触りがよく、見た目と違い驚くほど軽い。現代の陶磁器でたとえると、ノリタケカンパニーリミテドの高級食器・ボーンチャイナを持つ時の感触だ。磁器のボーンチャイナとは手触り感が異なるが、実際に手に取ってみると印象が似ている。

器壁の厚さは、薄いところでわずか1ミリと極めて薄い。表面にははけで粗い模様がつけられている。台の横に薪（まき）をくべて煮炊きをしたが、いずれも熱効率のための工夫とみられる。S字甕は機能に優れ、デザインもよい。トヨタの人気車種のような製品である。

S字状の口縁部について、木製のふたをした時に固定する工夫との見解がある。木製のふたはS字甕とともに見つかっていないが、発掘されたS字甕には煮炊き時の黒煙が側面にこびりつき、内側には黒煙の跡が見られない。このことから、木のふたをした可能性が大きいという。木製のふたがなかったとしても、S字甕が画期的な製品であることに変わりはない。

S字甕（写真提供＝公益財団法人愛知県教育・スポーツ振興財団愛知県埋蔵文化財センター）

博物館で弥生時代や古墳時代のコーナーを見学すると、見栄えのよいパレススタイル土器がまず目に入る。派手さのないS字甕は目立たない。どれがS字甕か博物館で聞いて見てほしい。

過去の遺産を引き継ぐ

「メード・イン東海」の代表製品を挙げるとすると、選考が難しい。古くから優れたものづくりの伝統があり、弥生時代や古墳時代にもこの地方のものづくりは異彩を放っていた。

S字状口縁台付甕は当時の画期的な調理器具だが、東海地方に限らず、北関東、南関東、信州や奈良県の纒向遺跡をはじめ西日本からも出土している。なかでも、関東や信州などへの広がりは前方後方墳が分布する地方と重なり、東海地方から集団で移動し東海文化を広めた一環との見方もある。前方後方墳は東海地方で発達した古墳とされ、東海地方の古墳時代を象徴する存在である。また、S字甕は尾張から出土が多いが、三河では少ない。尾張と三河の地域性の違いが見られる。

弥生時代の土器というと、パレススタイル土器を思い浮かべる方が多いだろう。白い胎土の上にベンガラで色鮮やかに着色し、工具で繊細な模様を描いている。尾張地域を中心につくられ、豊饒な濃尾平野を表現したようだ。パレススタイル土器もこの地方を代表する製品である。

優れたものづくりは時代を越えてつながっていく。時代は飛んで明治になると、東海地方で近代産業が勃興した。明治の近代産業は突然出現したわけではなく、前の時代の遺産をもとにしていた。

時計生産が明治時代の名古屋で花開き、１８９８（明治31）年に数量ベースで全国生産の８割を占めた。１８９０年代から20世紀初頭にかけて時計製造会社の設立が相次ぎ、このうち愛知時計電機は１８９８年に愛知時計製造として設立されている。名古屋で時計生産が盛んになったのは、江戸時代以来の熟練職人がおり、原材料があったからだ。同社は名古屋で創業した経緯について、「江戸時代から続く御時計師や飾り職人が多数いたこと、木曽ヒノキの集積地で木工産業が盛んであったこと」としている。

パレススタイル土器（写真提供＝公益財団法人愛知県教育・スポーツ振興財団愛知県埋蔵文化財センター）

鉄道車両製造も名古屋が中心だった。日本車輌製造は１８９６（明治29）年に設立された。名古屋は木材調達がしやすく、木工職人が多かった。当時の鉄道車両は木材を多く使用した。明治時代に名古屋で時計や鉄道車両製造などが盛んになったのは、木曽川上流域のヒノキの森林地帯が尾張藩の藩領だったことと関係が深い。
東海地方がものづくりの中心になったのは、歴史の蓄積があるからである。

2 ロマンチック都市の誕生
——昭和初めの都市計画

都市は生き物である。産業活動の場であるとともに、人生の舞台であり、人々は街から生き方にも影響を受けている。その時代を反映し、都市の姿は変わってきた。昭和初めに人と都市の関係を深く考えて、時代を先取りする都市計画をした人物がいた。石川栄耀は内務省の技師として愛知県で勤務し、新しい都市づくりを目指した。

理想を追求する都市計画

豊橋市と一宮市に出かけると、筆者はちょっとした旅行気分を楽しむことができる。非日常的とも言える雰囲気が街にある。

両市とも欧州の都市と形が似ているようで、欧州にはない独自性もある。中心部から放射状に街路が広がり、環状道路が放射状道路を結ぶ。日本では珍しい形になっており、伝統に近未来を加えたような印象だ。日本の街づくりは碁盤目状が主体であり、古くは条里制から平城京、平安京、江戸時代の城下町、そして現代に至るまでそうである。街路は東西南北に延びて、各街区は規則正しく配置される。これに対し、豊橋、一宮とも街路が放射状に広がる。公園も各地区に効果的に配置されている。明治から平成に至る市町村合併などにより、結果として放射状の形になった都市もあるが、両市の街づくりには思想が感じられる。

愛知県で昭和初めに時代を先取りした都市計画が行われた。豊橋、一宮とも昭和初めに都市計画決定され、その計画に沿って街づくりが営々と進められている。都市は人が生き、生活する場であり、産業活動の場である。都市はこの二つの機能を持たねばならない。住民がその都市で生きる喜びを感じなければ、人々はいずれ倦怠感を覚え産業活動も停滞していく。人々に生命力を吹き込むような都市が理想的だが、昭和初めの愛知県の都市計画は理想を追い求めている。放射環状型の都市計画により、日常の生活空間と産業の場、盛り場を有機的に結び付け、機能と都市のうるおいの両立を目指した。

その中心となったのが、石川栄耀（ひであき、1893～1955）である。石川は戦前から戦後にかけて活躍し、戦後は東京の戦災復興計画を担った。新宿歌舞伎町は彼が名付け親であり、地元の民間主導の土地区画整理を支援した。

石川は1920年に内務省都市計画地方委員会技師に採用され、都市計画名古屋地方委員会に勤務する。33年に都市計画東京地方委員会へ転任するまで、愛知県内の都市計画に大きな影響を与えている。都市の本来あるべき姿を石川が追求したところ、放射環状型にたどり着いた。豊橋、一宮に加え、名古屋市内や岡崎の都市計画にも石川が関与している。石川は若い情熱を燃やし、昭和初めの愛知県で自らの理想を具現化しようとした。人と都市の関係を深く考え、遠い将来まで思いを巡らせた。都市計画の実現を図るため、名古屋市内では土地区画整理を活用し、民間の力も引き出した。

近年になり人々が集い幸福を感じる街づくりが模索されるようになったが、昭和初めの愛知の試みは、この地方の遺産と言えるのではないか。ここでは石川らしさがよく表れている豊橋市と一宮市を中心に取り上げる。

豊橋、放射環状型都市へ

昭和初めの愛知県で新しい都市づくりが試みられたが、なかでも豊橋はその意気込みがよく伝わる街である。

豊橋市の都市づくりは1928（昭和3）年の都市計画（都市計画街路網決定）をベースに都市づくりが進められてきた。これが現代にまで続き、今後も継続する豊橋の街づくりの基本となっている。その特徴は豊橋駅を起点に四方八方に基幹道路が放射状に延び、放射状道路を環状道路で結ぶ。土地利用計画も豊橋駅を起点に秩序だって進められている。都市としての機能性に加え、人と人が集う都市としての魅力をできるだけ引き出すことを狙った設計になっている。豊橋市の記録では原案作成に石川栄耀が携わったという記録はない。しかし、当時の都市計画地方委員会職員は県の都市計画課職員を兼務し、事務所も県庁内にあり、各市と協力して都市計画を作成していた。石川が豊橋の都市計画に関与したことは間違いない。

昭和３年の都市計画決定から90年以上が経つが、今もその計画推進の途上にある。豊橋市は昭和３年の都市計画に修正を加えながら都市づくりを進めてきたが、方向性は今後も変わらないだろう。昭和３年の計画では、都市計画街路（都市計画道路）は35路線、53・8キロ。また、▽内環状道路、外環状道路を設ける▽交差点で五差路の採用▽国道1号が豊橋市街を斜めに通る（豊橋中心部から見ると、放射状道路の一環）▽国道２５９号を利用し、田原方面へ延びる基幹道路の整備―などの特徴がある。

豊橋市の昭和３年の都市計画街路網図（豊橋市所蔵）

　国道1号や２５９号は継続的に整備され、東三河の産業経済を支えてきた。内環状道路も戦後の区画整理を経ながら整備され、放射状道路を結んでいる。内環状道路は、県道豊橋環状線（都市計画道路石巻赤根線）と呼ばれ、豊橋市役所近くの「西八町」の交差点から西へ「新栄」、そこから南へ「高師口」へ進む。「高師口」を東へ「諏訪神社南」まで進み、そこから北へ向かい「瓦町」の交差点を西へ入り、再び「西八町」の交差点に戻る。全長10キロほどである。

　五差路交差点は「往完町」「東八町」などの交差点に設け

られ、放射状の道路とともに豊橋独自の景観をつくり出している。

日本の都市の土地利用は乱れがちだが、都市計画の専門家は「豊橋の土地利用は整っている」と評価する。豊橋駅を起点に道路網が放射状に延びるが、当時から戦後にかけて土地利用計画も放射状を基本に設定されてきた。中心商業地、近隣商業地域、住居専用地域など道路網とともに広がっていく。

まだ途上の昭和3年計画

時代を先取りした豊橋の街だが、課題もある。五差路交差点は渋滞の原因となっている。四差路の交差点よりも、信号の待ち時間がワンサイクル分長くなり、たまに豊橋を訪れた者には五差路交差点はモダンな印象を与えるが、地域住民は渋滞に日々付き合わされることになった。

このため、渋滞緩和の工夫もなされている。豊橋駅西1キロの「往完町」交差点では、交差する5本のうち1本の道路の片方の車線を3車線に増やし、反対側を1車線に減らして通行の障害を緩和した。五差路交差点はヨーロッパの都市に多いラウンドアバウト（環状交差点）の考えが根底にあるとの見方もあるが、はっきりしたことは分からない。豊橋市と同じように一宮市は都市計画に石川栄耀がかかわったとされるが、同市にはラウンドアバウトが中心部に設けられている。

　さらに、放射状道路は環状道路とセットで機能を発揮する。環状道路は昭和3年の都市計画では、内環状と外環状の二本建てだが、これまでに整備されたのは内環状だけである。外環状は東側の一部だけの整備にとどまり、これでは放射状の道路網が有効に使えない。放射環状型都市はいまだ未完成である。

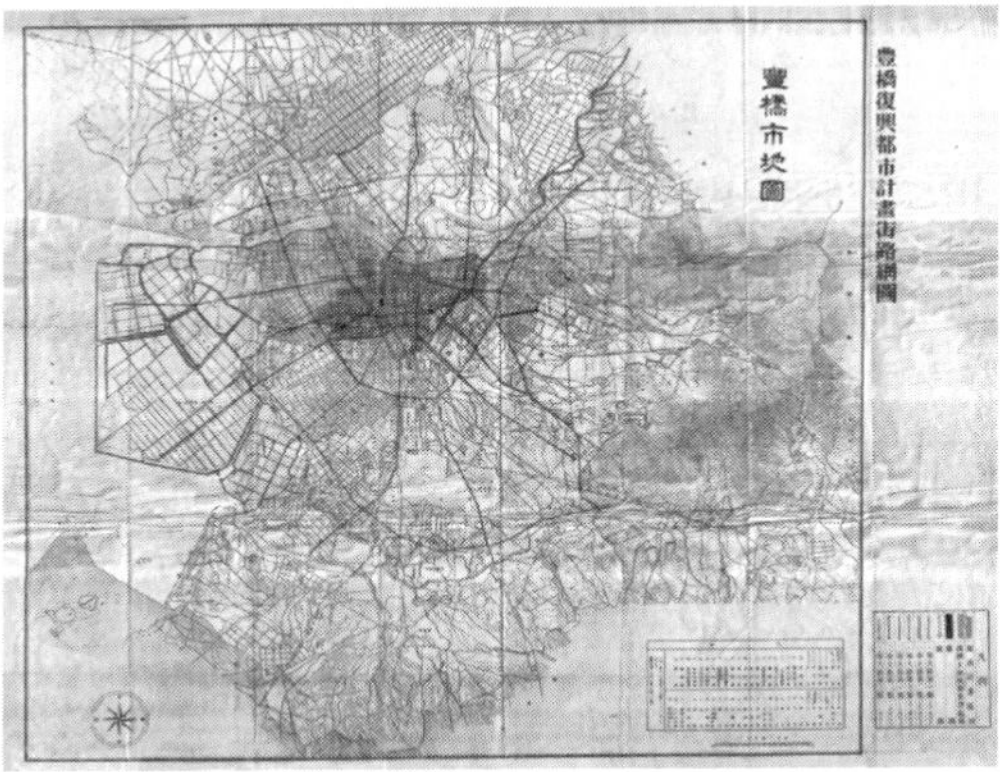

昭和 21 年の「豊橋復興都市計画街路網図」（豊橋市所蔵）

　外環状道路のうち整備された区間は、「牛川通五丁目南」交差点から南へ岩田運動公園を経由して、「飯村小北」、「岩屋町西」を経て、国道1号につながる市東側の約4キロのみである。外環状道路の未整備により、自動車が市街地内側に入り込むようになり、中心部の渋滞の原因にもなっている。豊橋市は「外環状は昭和3年の都市計画決定以来、あまり進展していない」（都市計画課）として、長年にわたり整備促進を愛知県に要望している。外環状が整備されれば、放射状道路と環状道路が組み合わされ、昭和3年に企図した新しい街づくりが完成に近づく。

豊橋市の都市計画街路（都市計画道路）は昭和21年の戦災復興では32路線、101・8キロに延びた。さらに、豊橋の成長とともに見直しを進めてきた。外環状の未整備、渋滞という課題も抱えるが、先進的な設計があればこそ、都市としての整備が比較的順調に進められた。

歴史の裏付けある一宮の放射状

豊橋市とともに、一宮市でも昭和初めに時代を先取りした都市計画が行われた。

一宮駅から本町商店街へ向かって300メートルほど歩くと、日本では珍しいラウンドアバウト（環状交差点）がある。信号はない。自動車はぐるりと回り進路を変える。ラウンドアバウトのことをまず記したが、一宮は駅周辺を起点に放射状に街路が延び、日本では珍しい景観が広がっている。豊橋と並ぶ放射環状型であり、昭和初期に都市計画決定され、現代まで放射状の都市づくりが進められてきた。

一宮市は1929（昭和4）年に都市計画（都市計画街路網）が決定し、放射環状型の都市づくりを明確に打ち出した。一宮市にも記録が残らないが、石川栄耀が関与したことは間違いない。昭和4年計画で都市計画街路（都市計画道路）は38路線、84・3キロであり、昭和7年度から13年度にかけ第一期街路拡張事業として9路線の整備が進められた。市街地の拡大とともに、その後も都市計画街路の見直しを行っている。

一宮市中心部のラウンドアバウト

一宮は歴史的に四方に広がる形をしていた。濃尾平野の中央部に位置し、人の流れや物資が集まるところだった。中世、近世などいずれの時代でも、街道が交わり人々が行きかった。1727（享保12）年には三八市が開設され、繊維製品を中心に商品と人が四方から集まってきた。昭和4年の都市計画決定で放射状都市として正式に位置付けたが、歴史の蓄積をさらに発展させたとの見方もできる。

放射状に街が広がっているため、土地利用も比較的秩序だっている。市民が集う公園も効果的に配置されている。これらは豊橋と同様に放射状型のメリットと言える。

一宮中心部のラウンドアバウトについて、筆者は昭和4年計画に含まれていると考えていた。しかし、一宮市に保存されている資料を見ると昭和6年の図面にはなく、昭和21年の図面に描かれている。つまり、戦災復興時に計画されたものであることが判明した。同年の図面では中心部に数カ所のラウンドアバウトが計画されているが、実際に設けられたのはこの1カ所のようだ。

ラウンドアバウトは交通事故が減少する効果があり、各国で注目を集めるようになった。日本では2014年施行の改正道路交通法に基づき、設置が少しずつ増えている。一宮のラウンドアバウトは戦災復興時のものだが、昭和4年の放射環状型の都市計画の思想を受け継ぎ、新たな要素を加えたものと解釈できる。

一宮市は昭和30年に近隣8町村と合併し、広域化した。放射状の都市づくりをしてきたため、合併町村とつながりやすく、他都市よりも広域化に対応しやすかったと言える。

放射状道路を結び機能向上を

放射環状型都市は、人々に幸福を感じさせる街づくりを目指しているが、一宮市も豊橋市とほぼ同じ悩みを抱えている。中心部に自動車が入り込みやすく渋滞が起きやすい。さらに、放射状道路を結ぶ道路の整備が進まない現状では、中心部への移動はスムーズだが、横の移動に時間がかかる。このため、一宮市では北尾張中央道の整備促進を愛知県に要望してきた。北尾張中央道は一宮市北側では東西に通り、同市西側で南北に方角を変えて環状道路の機能も受け持つ。特に、市北側の東西間の連結効果を期待している。

一宮市は「コンパクトシティとネットワークが課題」（都市計画課）としており、将来コンパクトシティ化が進むことになると、副次拠点間を結ぶルートの整備を迫られる。さらに、放射状のため、三角形など変形の区画ができる。放射状道路により、区画が変形しやすく、都市計画の技術者泣かせであり、道路をわざと曲げて整った区画をつくるなどの工夫をしてきた。それに、建物は東西南北に建てにくい。一宮市役所庁舎も東西南北からずれた位置で建てられている。

一宮市の昭和６年の都市計画街路網図（一宮市立中央図書館所蔵。昭和４年の図面は見当たらない）

よそから来た者は道に迷いやすい。名古屋など碁盤目状都市からの来訪者は方向感がつかみにくく、道を一つ間違えると全く異なる方角へ行くことになる。碁盤目状都市ではない失敗だが、これも放射環状型都市を訪れる楽しみだろう。

名古屋市内でも南区の道徳周辺、千種区の穂波町、松竹町周辺などの街づくりで石川がかかわった。なかでも、道徳と近隣地区の街づくりは、名古屋南部で新しい市街地の形成を目指したものであり、新しさを大胆に打ち出している。にぎわい機能に加え、勤労者向けの質の高い住居を兼ね備えており、戦前に道徳はにぎわいの地になった。

現在の道徳の「道徳前新田」は、明治維新後も尾張徳川家が所有していたが、豊田土地区画整理組合が設立され、石川が関与し戦前に街づくりが行われた。マキノ・プロダクションの映画撮影所を誘致し、昭和2年に開設した。また、高さ18メートルの人工の「観音山」を築き、内部はスケートリンクになっていた。保養施設「泉楽園」などもあった。戦災などにより、今では街の様子がすっかり変わったが、一部区域（観音町）に石川らしい放射状の街路が残っている。

新たな都市づくりが今模索されている。知識集約型の産業の比重が高まっており、産業面からも生きがいを感じる都市が求められている。昭和初めの理想を追求した取り組みは再評価されるべきであろう。

3 名古屋を守る江戸時代の治水

——新川開削

地球温暖化により、豪雨被害が頻発するようになった。全国の治水インフラは江戸時代から引き継ぎ補強したものが多く、名古屋では天明年間に開削された新川が重要な役割を担ってきた。名古屋の安全を守ってきたが、新川は明治期以降の都市化を想定しておらず、2000年の東海豪雨で破堤した。

2000年の東海豪雨で甚大な被害

2000年9月11日から12日未明にかけて、愛知県西部など東海地方は記録的な豪雨に襲われた。名古屋市の2日間の降水量は、年間降水量の3分の1に当たる600ミリ近くに達した。滝のような雨が短い時間で降り注ぎ、都市のインフラは持ちこたえられず、浸水や河川の越水などが随所で始まった。なかでも都市部を流れる一級河川である新川が名古屋市西区あし原町の左岸堤防で12日午前3時半頃に決壊し、清須市、名古屋市西区などが甚大な被害を受けた。

東海豪雨で新川が破堤し、流域が浸水（清須市）

両日の記録的な降雨は、東海豪雨と呼ばれる。被害を受けた人たちにとって、「9・11」は翌年の米国同時多発テロではなく東海豪雨を思い浮かべる。

東海豪雨に破られた名古屋の治水システムは、江戸時代から引き継いでいる。名古屋の都市基盤は、江戸時代の城下町・名古屋の上に築かれてきた。名古屋の街路、区画などに加え、治水も江戸時代の仕組みを土台にして、河川改修や排水ポンプ設置、雨水貯留施設の設置などを加えてきた。

江戸時代の名古屋の人口は、18世紀後半以降は7万数千人で推移した。ただし、この人数は町方だけで人数御改などの対象外だった武士とその家族らは含まれていない。武士と家族らを含めても、10万人台前半であっただろう。これに対し、現代の名古屋の人口は約２３０万人。また、名古屋近郊の新川流域の市町の人口は北名古屋市が約9万人、清須市が約7万人など。しかも、市街地化により水田や畑が減少し、雨水は一気に河川に流れるようになった。

名古屋の治水は江戸時代の遺産の上に成り立っているが、引き受ける人口は十倍以上になった。江戸時代に名古屋の治水の仕組みを設計した技術者は、明治期以降の都市化を想定していない。

あるいは新川決壊などの被害は、最悪の危機時の想定内だったかもしれない。名古屋城と城下が守られ、当時は人口が少ない周辺部に被害が集中したのだから。名古屋の治水インフラは江戸時代から引き継がれ、現代の住民も守っているが、対応能力には限りがある。

着工年、天明4年と5年の二説

名古屋周辺の治水の基盤は18世紀後半につくられた。新川開削、日光川改修などの歴史的な治水事業を当時の尾張藩が成し遂げている。

新川開削は一連のプロジェクトのなかでも規模の大きなものである。新川は人工河川であり、洗堰（あらいぜき、名古屋市北区と西区の境）で庄内川とつながり、五条川などの河川を集めて伊勢湾に注ぐ。庄内川の水量が増すと洗堰を通じて、新川へ水が流れる仕組みになっており、庄内川の水量を減らす役割も持つ。２０００年の東海豪雨では洗堰を越えて大量の水が新川へ流入したこともあり、新川堤防が名古屋市西区で決壊した。

新川開削の着工年は１７８４（天明４）年が通説となっており、１７８７（天明７）年春に完成している。工期は3年ほど。愛知県史、新修名古屋市史は天明4年着工としている。国土交通省庄内川河川事務所も同年着工としており、天明4年が定着している。

しかし、１７８５（天明５）年12月の着工説もある。新川町史（現・清須市）は新たな史料「箕浦家寄贈文書」を根拠に天明5年着工説を打ち出している。新史料は「天明5年12月9日が初鍬」と記し、天明5年12月に本格着工したことを示している。

1年ほどの違いだが、意味がある。新川の工事区間は約20キロ。大土木工事を3年ほどで完成させたとしても驚きだが、天明5年説であれば工期はわずか1年半になる。完成は天明7年春が通説として固まっている。

天明4年説は、完成から30年ほどあとの1819（文政2）年に流域住民が建てた顕彰碑「水埜士惇君治水碑」（北名古屋市久地野）の記述などが根拠になっている。これに対し、新川町史では天明4年は村々との調整などの準備期間としている。

また、時の藩主は徳川宗睦（むねちか）。尾張藩中興の祖と言われ、藩政改革に尽力した。自ら現場に出向く人だった。宗睦は天明5年3月に江戸を発ち、尾張にお国入りをしている。尾張藩の行く末を左右する大事業である。宗睦が現地を視察せずに新川着工を命じただろうか。筆者は天明5年説が有力と考える。

どちらにせよ、短い工期で難工事を成し遂げた。地域の協力を得て、素早く円滑に事業を進められたのには理由がある。地域の機運づくりに事前に力を入れたこと、加えて施工方法も工夫した。

短い工期で新川を開削

尾張藩は、新川開削など治水プロジェクトの着手前に領民を巻き込んで地域づくりの機運を醸成していた。当時の尾張藩は、近代組織の経営と同じようなことをしている。経営学者のピーター・ドラッカーは組織が成果を上げるために、組織の使命を明確にし、組織の一人一人が使命感を持つことの重要性を説いた。尾張藩も命ずるよりも、民衆に意義を理解させた。この取り組みについては後ほど触れる。

施工の工夫では、約20キロの施工区間を200カ所以上に分けて同時着工したと伝えられてきた。約200カ所の工区数の根拠となる史料はない。約200カ所同時着工の文言通りかはっきりしないが、全区間を多くの工区に分けて、ほぼ同時期に工事を進めている。新川開削の本陣は土器野新田村庄屋伊藤権左衛門宅（清須市の新川橋付近）に置き、工事責任者の水野千之右衛門（せんのうえもん）がここに陣取ったのだろう。

複数箇所の同時施工は、中部国際空港の建設でも採用された。新川開削と中部国際空港建設には共通点がある。中部国際空港は着工前の漁業補償交渉に手間取り、実質4年ほどしか工期を確保できなかった。そこで、空港の埋め立て工事の工区を十九に細分化し、埋め立てを終えたところから施設の建設を行った。

現代よりも江戸時代の方がむしろ建設工事の手際がよい。名古屋城の石垣は4カ月ほどで出来上がっている。工期が短い方が人件費も削減できるため、徳川家康から普請を命じられた西国大名たちは手際よく工事を進めた。18世紀後半の尾張藩の治水プロジェクトでは、事前に地域の協力態勢をつくり上げていた。

新川開削を1787（天明7）年春に終え、洗堰の工事を1789（寛政元）年1月から始めた。開削当初は稲葉地村（名古屋市中村区）の庄内川右岸にも別の洗堰があった。こちらは短い期間設置されただけで、1798（寛政10）年に廃止されている。

洗堰で庄内川の水量を調整

濃尾平野の河川は氾濫を繰り返してきた。木曽川に加え、庄内川も度々破堤し生活を打ちのめし、命が失われてきた。江戸時代には5、6年に一度の割合で庄内川水系が破堤し、なかでも地球的な気候変動から18世紀後半に多発し、1757年、65年、67年、79年などの被害は甚大だっ

今も機能する洗堰（名古屋市）

た。為政者は治水に失敗すると、民衆が苦しみ信頼を失う。

尾張藩の第９代藩主、徳川宗睦は１７６１（宝暦11）年に襲封した。財政状況は苦しく、さまざまな綻びが露わになっていたうえ、相次ぐ災害に領民は疲弊していた。宗睦はのちに名君と言われるようになるが、藩主襲封時は難問が山積していた。

この時期の尾張は人材に恵まれていた。藩主の宗睦は使命感があり実直な人柄だった。そして、宗睦に異能の人材が集まってきた。人見弥右衛門璣邑（きゆう）、細井甚三郎平洲（へいしゅう）、水野千之右衛門（せんのうえもん）の３人は後ほど紹介する。また、新田開発に力を発揮した津金文左衛門胤臣（たねおみ）、元浪人で農政に詳しい樋口又兵衛好古（よしふる）らがいた。

治水事業では新川開削に加え、日光川改修や中小河川の改修をした。また、新川開削に合わせて、五条川を下萱津（あま市）でせき止めて新川に合流させている。

新川は庄内川右岸の排水を受け持ち右岸地域の水害リスクを軽減するとともに、庄内川の増水時には洗堰から庄内川の水が流れて庄内川の水量を減らす。名古屋市西区と北区の境界にある洗堰は庄内川右岸の堤防を半分ほど低くし、増水時に越水させる。

東海豪雨では大量の水が新川へなだれ込んだ。東海豪雨後の2005年3月に約1メートルかさ上げし、豪雨時に越水する水量を減らしたが、今でも洗堰は基本的に江戸時代の姿のままだ。なお、東海豪雨後の対策で洗堰のかさ上げに加え、庄内川の水位を下げたことにより、東海豪雨並みの降雨で洗堰を越水する水は毎秒270トンから70トンへ減る計算になっている。庄内川の水位は川底の掘削、一色大橋の改良（橋げたを上げ、橋脚の本数を減らす）により下げた。

新川は開削時から川底を掘り下げて水が流れやすくしてある。濃尾平野は平坦で高低差が少なく、測量や開削工事では高度な技術を必要とした。

新川開削などの治水事業により、庄内川、新川流域はその後60年ほど洪水の不安から免れた。

人材に恵まれた尾張の治水

新川開削など尾張の治水プロジェクトを担った主要人物は4人である。藩主の徳川宗睦（1733～99）、国用人兼国奉行として宗睦の右腕となった儒学者の人見璣邑（1729～97）、治水

新川開削に伴い、五条川（左）を下萱津でせき止めて、新川（右）に合流させた

工事を計画し、工事責任者となった勘定奉行の水野千之右衛門（1734〜1822）、民衆教化による尾張藩内の機運盛り上げを担った儒学者の細井平洲（1728〜1801）。いずれも年齢が近い。新川開削など治水プロジェクトに乗り出したときは五十歳代の働き盛りだった。ここでは人見、水野、細井はよく知られる名で記している。

尾張藩9代藩主の徳川宗睦は治水事業に加え、所付代官制の導入などの農政改革、新田開発、産業振興、米切手（藩札）の発行などを行った。所付代官制は代官を所管地区に常駐させる制度で、それまでは名古屋城下で勤務し手代が現地に出向いていた。一方、米切手の発行は当時も批判があったが、結局、財政運営は一層混迷した。

7代藩主の宗春が幕府から蟄居謹慎を命じられ、宗睦の父である8代藩主宗勝は連枝家の美濃高須・松平家から入った。宗春は名古屋を活気づけたとして人気が高いが、今日への実際の影響では宗睦が上回っている。

人見は江戸出身の儒学者で、尾張で宗睦の期待によく応えた。農業を基盤とする農本主義の地域づくりを目指した。農本主義だが、視野が広かった。

水野は実務官僚であり、治水プロジェクトを実行した。勘定奉行、普請奉行を務めたが、この頃の尾張藩の勘定奉行の地位は寺社奉行、国奉行、町奉行の三奉行より下で、実務的な役職だった。「水埜士惇君治水碑」は水野の功績を30年後の住民がたたえたものである。

平洲は尾張の知多郡平島村（東海市）の裕福な農家出身の儒学者。米沢藩の上杉鷹山（治憲）の教育係となり、米沢藩の民衆教化も受け持ち、鷹山の藩政改革に貢献した。その成果を注目した人見が尾張藩にスカウト。平洲は藩校の明倫堂初代督学（学長）につき、故郷に錦を飾った。

一連の事業が成し遂げられたのは、こうした人たちがいたからだ。

御冥加普請を仕掛ける

新川開削などの本格的な治水事業を前に尾張藩は仕掛けを行った。藩が事業主体となるのではなく、御冥加普請（ごみょうがぶしん）と呼ばれる領民の労働奉仕、資金による治水事業を自発的にやらせようと世論づくりをした。冥加とは神仏による加護、それに対するお礼といった意味だが、御冥加普請は日頃のお札を社会奉仕で示すということだろう。

村落社会の変容が進み、農民が疲弊する一方で在郷商人が成長し、旧来の秩序が崩れつつあった。人々を落ち着かせ村落社会を安定させるとともに、相次ぐ水害に対し治水事業が喫緊の課題になっていた。まず領民に自普請を自発的にやってもらうことを目論んだ。このため、民衆の教育が必要となった。

尾張への帰国に際し、平洲が故郷の神社に寄進した灯籠（東海市）

民衆教化で活躍したのが細井平洲である。平洲は米沢藩再建で上杉鷹山を助けて評判を高めていたが、尾張藩が好待遇で招聘した。平洲は明倫堂督学につき、儒者としては破格の400石をもらった。東海市荒尾町の八柱神社には立派な灯籠が建っている。これは尾張への帰国に際し、平洲が素直に喜び、故郷の神社に寄進したものだ。
平洲は1781（天明元）年に藩主宗睦に従って帰国したが、翌年から尾張各地を回り、民衆に講演する「廻村講話」を始めた。人見璣邑らの要請に応えたものだろう。
最初に行ったのが中島郡起宿（一宮市）である。起で4回、続いて中島郡山崎村（稲沢市）で1回の講話を行い、起で1万人以上の人が聞いたという。信じがたい人数だが、多数の人が集

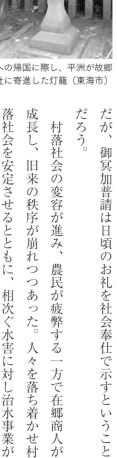

まったのは事実であろう。

平洲は難解な論語を平易な言葉でわかりやすく話し、民衆にもよく理解できた。優れた話術の持ち主でもあり、自ら泣いたり笑ったりして聴衆をぐいぐい引き込んでいった。高名な平洲の話が聞けるとあって好奇心から集まってきたが、村を挙げての動員もあり、いやいやながら聞きに来た者もいたはずだ。

その後、廻村講話は木田、佐織、津島、鳥居松、岐阜など各地で行われどこも盛況だった。

平洲も治水工事で汗を流す

細井平洲の廻村講話は各地で行われたが、地元から招請した形になっていた。起（一宮市）では加藤右衛門七磯足、木田（あま市）では大館高門が平洲を招き、会場を提供した。加藤、大館は地元有力者だが、教養が豊かであり細井平洲や本居宣長に教えを乞うた。

彼らは村内秩序の乱れに危機感を募らせていたが、平洲の話を聞いて感銘を受けている。平洲を地元に招き、地域の一体感を醸成したかったのだろう。それだけではなく、人見璣邑ら藩の中枢も民衆に直接働きかける機会を狙い、地元側から招請するよう水面下の動きもあったのではないか。地域のリーダー層と藩中枢の思惑が一致し、平洲による講話が各地で行われた。平洲は「御冥加論」を民衆に説いた。今あるのは殿様のおかげとし、殿様や社会に尽くすことを求めた。平洲の話は聞く者を感動させたようで、治水事業は本来藩の公共事業だが、領民が自らの資金と労働力を提供する自普請が盛んになっていく。起での平洲の講話からしばらくたつと、起宿に加え、冨田村、西五城村、東五城村、中嶋村、小信村（いずれも一宮市）の近隣の村により木曽川堤防を補強する自普請が行われた。もともと自普請の計画があり、ムードを盛り上げるために平洲を招いたようだ。自普請は、御冥加普請と意味づけられ盛んになっていく。

最も知られる御冥加普請は、春日井郡大野木村（名古屋市西区）の庄内川の治水工事である。大野木村は長年水害に悩まされており、１７８３（天明３）年の秋の長雨で破堤の恐れがあった。

そこで、愛知郡押切村の庄屋大助と利助が呼びかけ、同年冬から翌年春にかけて治水工事が行われ、大勢の領民が駆け付けて川底の浚渫作業や堤防補強で労働奉仕をした。平洲も藩校明倫堂の門下生を引率して、自ら参加している。

大野木の御冥加普請には藩主宗睦も視察に立ち寄り、汗を流す領民を励ました。この経緯は１７９２年に利助が「御冥加普請之記并図」を出版して世間にＰＲし、宗睦の人徳をたたえた。

大野木の御冥加普請が自発的なものかどうか疑問も指摘されている。作、演出は藩がしたようだ。磯邑や平洲も関与していただろう。

治水事業は窮民対策も兼ねるようになり、1784年1月には木曽福島の窮民1500人を呼び寄せて、庄内川の治水工事にあたらせた。

御冥加普請で藩がどの程度仕掛けたのか分からない。しかし、矛盾を抱えながらも、共同体意識が醸成されていった。

水野千之右衛門、完成前に罷免

水野千之右衛門が計画を作成した新川開削、日光川改修などの本格的な治水事業は尾張藩が事業主体となった。住民の負担による自普請、御冥加普請とは事業規模が違う。新川開削は領民の労働奉仕である御冥加普請（冥加人足の提供）もあったとされるが、藩の事業となった。尾張の将来を左右する巨大事業であり、ボランティア中心では無理がある。

それに御冥加普請は領民に負担増を強いるものであり、限度がある。民心がある程度落ち着き、機運の醸成ができたのだから、深追いしない方が良策と言える。それでも、御冥加普請でつくられた共同体意識により、治水工事の協力が得やすくなっていた。

例えば、河川改修などの公共事業は今も昔も住民との用地取得交渉が大きな課題となる。新川開削の水路予定地には村々があり営みがあった。新川開削から約60年後の記録には、94カ村の田畑が予定地にあったとする。後の記録のため村の数が正しいかどうか分らないが、多くの村で田畑が失われることに同意してもらう必要があった。この時代には農民の権利意識が強まっており、上からの指示だけで簡単に進むものではない。新川水路予定地の一部の村とは交渉が手間取ったが、予定地の村々から同意を得て着工している。

新川開削に加えて、同時期に日光川改修も始めており、治水プロジェクトの費用は当初予算を大幅に超える見通しとなった。このため、水野は責任を問われ、新川開削の完成前年の１７８６（天明６）年秋に罷免され、治水プロジェクトから外されている。

すでに記したが、新川開削は２００カ所以上で同時着工したと伝わる。約２００カ所かどうかは不明だが、全区間でほぼ同時期に工事をしており、これは水野が予算超過を見越して、途中で新川開削を中断させないための偽計と後世に流布されてきた。水野の書いた文章を読むと、偽計を用いる人物とは思えない。後世の作り話であろう。

全区間のほぼ同時着工は村民の協力を引き出す狙いもあったのではないか。新川開削でも御冥加普請があったとされており、それによるコスト削減を見込みすぎたり、知多の黒鍬衆への支払いが日光川改修で膨らんだりしたのだろう。なかでも日光川改修の費用がかさんだようだ。

黒鍬衆は高い技術を持つ職人集団で、知多半島から全国各地の土木工事に呼ばれた。大阪府狭山市の狭山池の普請、岡山県瀬戸内市の塩浜開発などを請け負った記録が残っている。日光川改修でも雇われた。予算超過は要するに水野の見積もりが甘すぎた。しかし、罷免から2年後の1788年に要職である岐阜奉行に水野は返り咲いた。藩主の徳川宗睦や藩上層部は予算超過に対し処分を出さざるを得なかったが、水野を理解していたのだろう。宗睦のあとを継いだ10代藩主、斉朝（なりとも）は1811（文化8）年に治水の功労者として77歳の水野を表彰している。2年間の謹慎期間を除くと、幸せな役人人生だった。

幕末になると、再び水害が多発

水野千之右衛門は罷免されたが、新川開削工事は中断することなく進められ、1787（天明7）年春に完成し、その翌年春に管理権が村々に引き渡されている。一方、日光川の改修工事は中断を経て、新川開削から25年も遅れて1812（文化9）年にようやく完成した。

顕彰碑「水埜士惇君治水碑」（北名古屋市）

新川開削により、流域住民は気持ちが落ち着いた。完成後に藩へ「御礼言上」をしている。新川流域の10村（九之坪村、平田村、田中村、寺野村、須ヶ口村、西堀江村、助七新田村、小場塚新田村、阿原村、土器野新田村）は感謝の気持ちを文書に記し、管理権の引き渡しのあった年の8月に清須代官の沢園兵衛に提出している。

新川開削は庄内川の破堤を防ぎ名古屋城下を守るとともに、庄内川右岸の農村部を水害の恐れから解放した。庄内川堤防は名古屋城下側の左岸が右岸よりも堅固に造られ、それまでの治水対策は名古屋城下が優先された。

洪水の危険があると、右岸の小田井から農民が左岸堤防の補強に作業員として徴発された。「小田井人足」というサボタージュを意味する言葉がある。左岸を補強すれば補強するほど、自分たちの村のある右岸の破堤の危険が高まる。彼らは堤防の上で仕事をするふりをして、ぶらぶらするしか村を守る手段がなかった。

新川開削の顕彰碑が流域に建立されている。北名古屋市久地野には1819（文政2）年の

「水埜士惇君治水碑」。新川橋（清須市）のたもとには、1961（昭和36）年の顕彰碑がある。いずれも地域住民が建立した。時代を越えて、18世紀後半の治水事業で地域の安全が守られていることを理解してきた。

新川開削により、庄内川、新川流域は平穏な時期が続いた。この流域で堤防が決壊し洪水が発生したのは1787年の完成から約60年後の1850（嘉永3）年のことである。この年は台風の来襲が多く、8月7日に庄内川、新川が相次いで破堤した。浸水した地域は2000年の東海豪雨時とほぼ重なっている。その後も洪水が多発し、幕末の社会を動揺させていった。水害に加え、1854年には南海トラフが動いた安政東海地震が発生した。コレラの全国的な流行も1858年と62年にあった。物価も高騰し、名古屋の通貨価値は幕末に7分の1から8分の1になった。

幕末期の洪水では入鹿池の決壊も知られる。明治へ改元される前の1868（慶応4）年5月、入鹿池が決壊した。百間堤（別名・河内屋堤）が崩れ、丹羽郡、春日井郡、中島郡、海東郡の五条川流域の広い地域が浸水した。ダムが決壊したように濁流が押し寄せ、平野なので逃げるところもなく、溺死者は約千人に及んだ。水が引くと、死体があちらこちらに転がっていた。幕末になると災害が続発し動揺が収まらなくなった。庄内川は川底に堆積が進み、天候不順もあり洪水が起きやすくなっていた。

持続可能な治水を目指す

水野千之右衛門は土木工事だけで庄内川水系の治水が長く維持できるとは考えていない。相次ぐ水害を防ぐため、藩主徳川宗睦の支持のもと新川開削などを行ったが、それは直面する危機の避難措置だった。長期的には山林の保水能力を高め、自然の力を引き出すことが持続可能な治水と考えていた。山林荒廃は河川の土砂堆積にもつながり、流域全体の管理の必要性を後進に説いた。

こうした考えを背景に尾張藩は河川上流域の山林保全に力を入れ、水野らの教えが生きている間は守られていた。しかし、幕末になると山林が荒れ始め、天候不順もあり１８５０年に庄内川水系は大氾濫した。

庄内川の治水は18世紀後半の宗睦だけではなく、いつの時代も名古屋周辺を支配する者の悩みだった。織田信長の次男、織田信雄は尾張を支配していた１５８３（天正11）年に庄内川、矢田川の治水工事をしている。また、尾張藩は17世紀初め、庄内川と矢田川の合流地点に遊水池を設け増水時の破堤防止策を行っている。遊水池は現在の庄内緑地である。

治水を目的に新川は開削されたが、物流にも役立った。庄内川は天井川のため水運利用が難しいが、水位の低い新川の船舶運航は容易だった。下小田井村の青物市場（下小田井市場、下小田井市）は名古屋開府（１６１０年）の頃、現在の清須市西枇杷島町に開設され、青果物などを広範囲に集荷していた。街道の美濃路経由での物流が中心だったが、新川ルートも加わり物流機能が一段と増した。下小田井市場は新川から美濃路を通り1キロほどの位置にある。船着き場が新川橋付近にあり、取引の範囲がさらに広がった。下小田井市場に搬入する青果物のほかにも、昭和30年代まで新川で船舶が荷物を運んでいた。

2000 年 9 月の東海豪雨（清須市）

尾張の治水を記してきたが、全国の河川は江戸時代に整備した流路がほぼ現在の姿になっている。三河の矢作川も江戸時代に整備された。三河は藩領、幕領などに分かれていたが、幕府の主導により矢作川の改修が何度も行われている。

藩政改革への反発が巻き起こる

藩政改革を推進した人見璣邑、細井平洲らに反発も巻き起こった。璣邑、平洲に対する批判の特徴は、本居宣長の国学思想を拠り所としていたことで、藩政改革派と批判派の対立は儒学対国学の側面があった。批判勢力の中心が尾張藩重臣の横井千秋（1738〜1801）である。千秋は名門・横井一族の一員で、在地勢力に影響力があった。横井氏は鎌倉幕府の執権・北条氏の出自であり、応仁の乱後に赤目（現・愛西市）に拠点を設けて尾張西部に勢力を広げた。信長、秀吉、家康に仕え、その後尾張藩に属した。尾張藩家臣団のうち、もともと尾張にルーツのある「尾張衆」の代表的な一族であり、千秋は700石だったが、一族を合わせた領地はおよそ1万石にものぼった。千秋より一世代前の同族に俳人として有名な横井也有（1702〜1783）がいる。

藩主から領民まで共同体意識を形成して、改革を進める璣邑や平洲のやり方について、横井千秋は〝自然の真心〟に欠けると批判した。疑似的な一体感で見せかけにすぎないとしている。璣邑、平洲主導の藩政改革を「漢意（からごころ）以て君を誘い奉り」と、藩主宗睦の判断を誤らせたとして否定した。さらに、朝廷の地位向上を図り、朝廷、幕府、藩による国家秩序が望ましいとし、それに向けて尾張徳川家には役割があるとしている。加えて、本居宣長を尾張藩に招き、新たな国家秩序づくりの推進を求めた。

璣邑、平洲は儒学者。千秋は本居宣長の門人であり国学者でもあった。千秋や尾張の国学グループは本居宣長を積極的に支援しており、宣長の主著「古事記伝」は千秋ら尾張の門人の援助で名古屋の栄楽屋東四郎から出版されている。千秋は宣長を世に出すために心血を注いだ。

人見璣邑の居宅跡（現・東海財務局）

璣邑、平洲は尾張の既存勢力からみれば、よそ者であり、成り上がり者である。璣邑は江戸四谷の生まれ。幕府の儒者・人見靖安の次男で、尾張藩士の叔父の養子となった。実家は朱子学だが、荻生徂徠の学問に関心を持っていた。藩主徳川宗睦の世嗣・治休（はるよし）の侍読として教育を受け持ち、宗睦に重く用いられた。

平洲は著名な儒学者だが、知多郡平島村の農家の出である。在地の既存勢力にとって、璣邑や平洲が主導する態勢は心情的に受け入れがたかったのではないか。

璣邑、本居宣長を批判

横井千秋の璣邑・平洲批判は痛いところをついている。疑似的な共同体意識では根本的な解決は難しい。領民の負担は重いままだった。

尾張藩の有力者・人見璣邑は千秋の批判を受け入れることができなかった。朝廷と藩を強く結びつける考え方は尾張藩の立場を相対化し、将来何が起こるかわからない。それに千秋らの思想的な支えである本居宣長の日本中心主義に危険なものを璣邑は感じ取っていた。

名門一族の一員である千秋には政治力もあった。朝廷や老中松平定信に知人を介して、宣長の著書を献上もしている。そこで、璣邑は自ら本居宣長の批判に乗り出し、1791（寛政3）年に批判論を著した。人任せにせず、自ら反撃の先頭に立った。

璣邑は本居宣長の日本中心主義を痛烈に批判している。

「本居なとの輩、俗談に大和魂大和魂といひののしる。其意は頼母しけれと、其姿はうわき魂とやいはむ」

「我国は四方の持寄にてやうやう事足る姿の国なり」

「中華の片われもなき我邦などにて、日月をも私せんと欲する、乱心とやいわん風狂とやせん」

大和魂と声高に言うよりも冷静に考えて、「四海万国この皇邦の下」と主張する前に現実を見るように促した。また、璣邑は宣長の古代研究については否定的ではないが、それが政治イデオロギーに飛躍することを懸念した。横井千秋は璣邑らをまがい物と批判したが、宣長、千秋らは理念が先行したのに対し、璣邑は現実と向き合い改革を急いだ。

「へいしゅうくん」（東海市内）

璣邑や平洲には、その時代の制約があった。璣邑は農業基盤の整備や新川開削など治水事業を進め、地域社会の安定を図った。これを実現するため、共同体意識の醸成による事業推進は領民のためになるとはいえ、不自然さは確かにあった。

本居宣長の影響力は尾張だけでなく、その後全国に広がり大きな存在になっていく。それに比べると、人見璣邑と細井平洲は地味な存在だが、彼らも現代にまで影響を与え続けている。平洲の出身地、東海市は「へいしゅうくん」という馴染みやすいキャラクターをつくり、市民に平洲の教えを伝えている。

璣邑、平洲らは現代にも影響を与える

人見璣邑は本居宣長に対する批判論で、世界から日本を見る視点を説いている。日本はアジアの一部であり、アジアには日本、朝鮮、琉球、フィリピン、中国など多くの国があると記す。横井千秋らに批判されたが、璣邑は幅広い関心を持ち国際感覚があった。

1792（寛政4）年3月には宣長と名古屋で直接対談し、璣邑は宣長と冷静に質疑をしたが、同意はできなかった。12月に千秋が致仕（隠居）したことで、論争は一応の決着がつき、宣長は尾張藩に迎え入れられることがなかった。宣長が尾張藩に仕官できなかった背景には、璣邑の意思があったのだろう。

細井平洲の思想も色あせない。使命感が大切なこと、成果を上げるために組織の使命・目的を共通認識にすること、人の力が成果を左右することなど、平洲と現代の経営論には共通したものがある。

作家の童門冬二氏は平洲に詳しく、「細井平洲の経営学〜『嚶鳴館遺草』に学ぶ」という平洲を題材にした経営指南書がある。同書に沿って平洲の考えを紹介すると、平洲はまず「民力」を根本とし、国の財政改革には農民らの民力向上が不可欠という。また、「入るを量（はかり）りて出ずるを制す」と、収入と支出を均衡させる予算の原則を打ち立てた。予算の均衡は財政を安定させ、倹約はただの経費削減ではなく、成長分野に経営資源を投入させるためのものだ。さらに、平洲は意識改革をトップから下まで求めた。

トップの責任の重さは繰り返し説いている。トップは使命感を持ち、身を正すこと。トップの姿勢が組織全体の成果を左右する。

璣邑や平洲の考えは、現代の日本企業の経営にまで脈々とつながっている。この時代に治水事業で試されたことが、日本型経営の源流との仮説を筆者は持っている。彼らは今日の組織運営にまで影響を与えている。

地球的な気候変動により、水害のリスクが高まっている。東海豪雨時の清須市西枇杷島町地先の24時間・累計雨量は３５３ミリだった。国土交通省庄内川河川事務所によると、２０１９年に関東地方を襲った台風19号が庄内川流域をもし直撃したら、西枇杷島町地先の24時間・累計雨量は５１１ミリと東海豪雨時の１・４倍になっていた。千年に一度の雨量を想定最大規模降雨とい

新川（清須市の新川橋付近）

う。西枇杷島町地先の想定最大規模降雨は578ミリ。51 1ミリは千年に一度の想定に近く、百年に一度、千年に一度の豪雨が全国で珍しくなくなった。流域全体で抜本的な新たな治水が求められる状況になっている。

2000年の東海豪雨で新川は破堤し、水害の恐れは今後もある。それでも、徳川宗睦、人見璣邑、細井平洲、水野千之右衛門らがつくった治水システムはこれからも機能し、当分は彼らが遺してくれたものに頼り続けることになる。

4 渡来人伝承

——多様性のある東海の古代社会

朝鮮半島や大陸から多くの人が日本列島へ渡ってきた。列島への渡来は断続的にあり、現在の日本人を形成している。日本列島の社会、文化は交じり合い成り立っていた。東海地方にも多くの渡来人がやってきた。熱田神宮の草薙剣や西濃の開拓にまつわる渡来人の話を取り上げる。

新羅の僧、道行

東海地方各地に渡来人の伝承や事跡が残っている。朝鮮半島や中国から日本列島に人々が渡って来て、新しい文化や技術を伝え、先住の人たちと交わり社会を形成していった。渡来人は古代社会で身近な存在であった。伝承の具体的な内容が事実かどうかは分らないが、渡来人が活発に活動し、東海地方にも影響を与えたことを示唆している。

日本書紀に熱田神宮の御神体、草薙剣（くさなぎのつるぎ）をめぐる記述がある。それによると、新羅の僧、道行が草薙剣を盗み、新羅へ逃げようとしたが風雨にあい失敗したという。のちの時代に成立した「尾張国熱田太神宮縁記」には、新たな解釈も加わり、さらに詳しく記されている。

具体的に見ていく。日本書紀の668（天智天皇7）年の記述に、「沙門の道行が草薙剣を盗み、新羅へ逃げた。しかし、途中で風雨にあい道に迷って戻った」とある。さらに、686（朱鳥元）年の記述に「天皇が病を得て占ったところ、草薙剣による祟りと出たため、その日のうちに尾張国熱田社に送り安置させた」と記されている。この間の18年間は宮中に草薙剣が置かれていたことになる。ただし、668年の記述には草薙剣を盗み出した場所の記述はなく、道行が新羅へ逃げたのであり、新羅の僧とは記していない。

いずれにせよ、道行が朝鮮半島出身の僧であり、熱田神宮から盗み出したと伝わってきた。草薙剣は熱田神宮の御神体であり、古くから神宮でおまつりをしてきたという理由のほかにも、道行の存在を示す伝承がある。天台宗の古刹、法海寺（知多市八幡平井）の縁起では、同寺は新羅の僧、道行が開基であり、668年に創建されたと伝わっている。同寺の境内から白鳳期の蓮華文瓦が出土するなど、1300年を超える歴史は裏付けられている。

大阪にも新羅の僧、道行をめぐる言い伝えが残っている。大阪市鶴見区放出の阿遅速雄（あちはやを）神社には、「新羅の僧、道行が草薙剣を持って新羅に逃げる時に嵐に巻き込まれ、神罰を恐れ放り投げた。神剣は里人に拾われ、この神社に一時納められたのち、熱田神宮に戻された」との伝承がある。

神剣を持ち出し通った清雪門

日本書紀の記述に加え、法海寺などの伝承などから道行は実在の人物であった可能性があるだ

不開の門・清雪門

ろう。また、本殿に入り、草薙剣に近づくことができるのだから、それなりの地位にあった僧ということになる。

熱田神宮の由緒を記した「尾張国熱田太神宮縁記」の成立の時期と背景ははっきりしない。成立時期に関しては、同縁起に８９０（寛平２）年10月15日の日付が記されてはいる。同縁起では、草薙剣について「新羅の僧、道行に盗まれ本国に渡ろうとしたが、その晩のうちに神剣は道行の袈裟（けさ）から抜け出て、尾張の本社に戻った。ところが、再び盗み出され、摂津の国から本国へ渡ろうとしたが、海難にあい難波に漂着した。２回目は九重の袈裟に包まれたため、抜け出ることができなかった」と記す。その後、道行は神剣を投げ捨てようとしたが、どうしても身から離れず自首したと伝える。

清雪（せいせつ）門をめぐる伝承もよく知られている。道行は神剣を持ち出して神宮北門の清雪門を通ったという。以来、二度と持ち出されないようにと、清雪門は閉ざされたままになっている。神宮内にある清雪門は今も不開（あかず）の門である。

しかし、実際に清雪門がいつの時代につくられたのか分かっていない。「尾張国熱田太神宮縁記」には、清雪門のことが触れられていない。また、現存する熱田神宮の最も古い絵図「熱田社参詣曼荼羅図」には、清雪門が描かれていない。幕末から明治初期にかけて刊行された「尾張名所図会」によると、この絵図には１５２９（享禄２）年の日付があったといい、室町時代後期の絵図とされる。

清雪門に関する信頼できる最も古い記録は１６８６（貞享３）年である。昭和38年に現在の清雪門の解体修理を行った。その時に屋根の桁受皿斗から大工棟梁・遠州浜松の浅原庄衛門の記名が見つかった。その日付が１６８６年６月17日である。

前述のように１５２９年の「熱田社参詣曼荼羅図」には描かれず、この時には清雪門がなかった。清雪門がつくられた時期ははっきりしないが、「熱田社参詣曼荼羅図」が描かれた時にはなかったものの、１５２９年以前に建てられたことがあるか、１５２９年から１６８６年の間に建てられ１６８６年に現在の清雪門へ再建されたか、あるいは１６８６年に新設されたことも考えられる。清雪門の伝承は中世、近世に入ってから成立した可能性がある。また、伝承では清雪門は神宮北門となっているが、境内の中ほどにある。

西濃に席田郡を建郡

熱田神宮だけでなく、尾張には渡来人をめぐる話が多い。江戸時代中期の「熱田町旧記」は、旧熱田町の地誌であり、熱田各町の地名の由来、年中行事などが記されている。この中で熱田神宮北側にある旗屋町の由緒が記されているが、渡来系の織工、呉織（くれはとり）、漢織（あやはとり）の話が出ており、渡来人との交流をうかがわせる。

こうした伝承の事実関係を裏付ける根拠を示すことはできない。新羅の僧、道行は実在の人物かどうか証明できないが、こうした伝承は渡来系の人たちが活発に活動していたことを反映しているとは言える。古代の東海地方の社会は、渡来人も受け入れた多様性のある社会であった。

東海地方には古墳時代から渡来人が活動した事跡が多く残っているが、なかでも美濃国席田（むしろだ）郡の建郡は事実関係が最もはっきりしている。席田郡は現在の本巣市内にあり、715年に渡来人が建郡し、地域おこしをした。富裕の地としてその後の時代に知られ、和歌の歌枕にも席田の地名が詠み込まれてきた。

席田郡は本巣市の上保、郡府、北野、石原などの地域で、現在の席田小学校区にほぼあたる。1897（明治30）年に本巣郡に統合されるまで席田郡は続いた。

席田郡は古代日本の正史「六国史」に具体的な記録が残っている。「六国史」の続日本紀と日本三代実録に記事がある。

続日本紀には、715年と758年の2回にわたり記されている。715（霊亀元）年の記事は「尾張国の人で外従八位上・席田君邇近（むしろだのきみにこん）と新羅人74家を美濃国に移し、席田郡を建郡した」とあり、尾張にいた渡来系集団を美濃に移して建郡した経緯を記している。

尾張にいた渡来系の74家は1カ所にまとまって住んでいたのだろう。土木技術などの技能を蓄積した集団だったとみられる。明らかなことは、奈良時代初めの715年に朝鮮半島出身の渡来系の人々が尾張に多数いたということである。

また、席田郡の建郡は草薙剣の盗難があった668年から約50年後になる。715年に尾張に多くの朝鮮半島出身の渡来系がいたのだから、犯人とされる「新羅の僧、道行」が尾張にいても、時間的に連続しており違和感はない。

賀羅造の姓を賜る

古代史家の上田正昭氏は、日本列島への渡来は朝鮮半島出身者が圧倒的に多く、渡来の時期には四つの大きなうねりがあったとしている。最後のうねりが白村江の戦い（663年）の敗北があった7世紀後半という。また、加藤謙吉氏は3回の渡来のうねりがあったとし、3回目が7世紀後半としている。この時期には、少なく見積もっても数千人規模の人が朝鮮半島から渡ってきたとされている。715年の「尾張の新羅人74家」は同年頃に渡来した一世の可能性もあるが、7世紀後半に尾張に移住した人たちの子供か孫の世代であり、美濃国への再配置とみるのが自然であろう。

席田郡の建郡の理由について、この地域を流れる糸貫川の氾濫により荒廃した土地を渡来系集団に再開発させたなどとみられてきた。これに対し、席田郡はもともと富裕な地であり、豊かな土地を提供することを条件に何らかの目的で渡来系を誘致したという見方もある。（2015年「席田郡建郡1300年記念船来山古墳群報告会資料集」）。どちらにせよ、当時の美濃守・笠麻呂が関与し、彼らを尾張から連れてきたと考えられている。笠麻呂は「吉蘇（木曽）路」を開通させるなど、奈良時代を代表する有能な官僚として知られる。

さらに、続日本紀の758（天平宝字2）年の記事も注目される。この時の席田郡の大領（郡司）は外正七位上の無姓者の子人（こひと）という名の人物であり、朝鮮半島にちなんだ姓を申請し、「賀羅造」という氏（うじ）と姓（かばね）を与えられた。それによると、「子人と中衛で無位の吾志（ごし）らが言上した。子人らの6世の祖父である乎留和斯知（おるわしち）は賀羅国から聖化を慕って来朝した。当時は風俗になじまず、姓をつけなかった。国号（賀羅国）に従って、姓の字を賜りたいと願い出た。そこで、賀羅造という姓を賜った」としている。祖先の出身地にこだわり、渡来系であることに自負を持っている。

席田郡があった地域

子人らの申請の前年には、「高麗、百済、新羅の人々で、聖化を慕って来朝し、我が国の風俗になじみ、姓を給わることを願い出ればことごとく許せ」という勅命が出ている。子人らの申請は、これに応じたものだった。
子人らの六世の祖父、乎留和斯知の出身地が申請通りに「賀羅」であるなら、その読み方に従い「加羅（から）」「加耶（かや）」と呼ばれる朝鮮半島南部の地域から渡来したことになる。715年に席田郡を建郡した「新羅人74家」とは出身地が異なる印象があるが、はっきり分からない。

考古学の成果からも渡来の痕跡

続いて、日本三代実録の887（仁和3）年の記事には「美濃の国分寺が火災で灰になったので、席田郡にある壮麗な定額尼寺を国分寺の代わりにしたい」とある。定額尼寺は石原地区の八幡神社一帯の遺跡がその跡とされている。国分寺に代用されるような大寺院を建立、運営できるほどその後の時代にも席田郡は繁栄していた。

席田郡があった地域はもともと渡来人とのかかわりがあり、豊かなところだった。席田郡域の北側に船来山がある。船来山は3世紀中頃から7世紀後半にかけて継続的に古墳が築造され、歴史的に重要な独立丘陵である。290基もの古墳があり、「船来山古墳群」として2019年2月に国指定史跡になった。

船来山古墳群の後期（6世紀初頭以降）の古墳からはガラス玉の雁木玉（がんぎだま）、渡来系の特徴のある馬具や土器などが出土し、渡来系との強いかかわりを示している。雁木玉は中国東北部から渡来したとされ、ベンガラで美しく彩色した赤彩古墳から出土している。このように席田郡は、715年の建郡前から渡来系の人たちが活動していた。

続日本紀の758年の記事で登場する乎留和斯知は、賀羅造の氏姓を与えられた席田郡大領（郡司）の6代前の祖先としている。この通りならば乎留和斯知は6世紀後半頃の人物になる。6世紀後半は船来山古墳の後期古墳が示すように、渡来系が活発に活動した時期である。乎留和斯知はその頃の席田郡とすでに関係があった可能性がある。

多くの古墳が眠る船来山

また、758年の記事の大領は、715年に席田郡を建郡した席田君邇近の子孫のように読めるがそうとも限らない。考古学の成果によると、席田郡の地域は715年の建郡前から渡来系が活動している。つまり、758年の記事の大領は715年に移住した渡来系とは別の渡来系の可能性も示唆している。それに、席田君邇近の子孫であるなら、715年の建郡の由緒に従い「席田君」を申請してもよさそうだが、渡来系集団の誇りにこだわり「賀羅」を求めている。

歴史遺産を地域に生かす

席田郡の豊かさは都にも知られ、「席田」「船来山」「糸貫川」は和歌の歌枕に詠まれてきた。また、陽成天皇即位の877(元慶元)年の大嘗祭では席田が斎田に選ばれている。

催馬楽(さいばら)は雅楽の種目で、民謡などをもとにした歌謡であり平安時代の貴族の間で流行した。宮内庁で歌い継がれている催馬楽の一曲が「席田」である。

こうした歴史を誇りにし地域の資源にしようと、取り組みが近年盛んになっている。続日本紀の記事の715年から1300年後の2015年には席田郡建郡1300年を記念したシンポジウムを本巣市教育委員会が開催した。さらに、同年から地元の席田小学校の5年生が催馬楽「席田」を謡い継ぐ活動をしている。催馬楽を通じて、故郷が歴史と文化の豊かなところであることを学び、子供たちの成長につなげていく。旧席田郡は地域の歴史遺産を改めて学ぶことにより、地域づくりに生かそうとしている。

世界各地で自国中心主義が蔓延し、異なるものに対する不寛容が広がっている。日本社会も例外ではない。私たちの社会はもともと多様性があり、海外からやってきた人たちを受け入れていた。

その後の時代にも、規模は小さいが、記録に残らない海外からの渡来があっただろう。難民や亡命、商取引を目的とした渡来もあった。江戸時代初期には明の滅亡に伴い、多くの知識人が中国から日本へ亡命し、文化の興隆に寄与した。尾張では、張振甫（しんぽ）、陳元贇（げんぴん）、曹数也が知られる。張振甫は食医であり、名古屋市千種区振甫町として地名に名を残している。現在の住所は隣の千種区田代町になっているが、張振甫はここに鈍薬師（医王堂）を営んだ。鈍薬師は円空仏の所蔵で知られている。陳元贇は多才な人物で、陶芸、漢詩、書など文化振興への貢献が大きかった。

祖先を6世紀、7世紀までたどることが可能ならば、大半の日本人の祖先に渡来系が含まれる。よく取り上げられる話題として、平安時代の815（弘仁6）年に成立した「新撰姓氏録」がある。「新撰姓氏録」は平安京と畿内居住の1182氏の氏族の由緒を記すが、その3分の1が渡来系としている。私たちも渡来系、帰化人の子孫と考えてみると、視野が広がる。

5 難産の末の中部国際空港、愛知万博

――戦前から博覧会をバネに地域整備

２００５年は東海地方の歴史の画期となる年となった。中部国際空港が開港し、愛知万博が開催された。新空港、万博とも紆余曲折があった。この地方は博覧会で地域振興をするのが得意技であり、新空港構想は古くからあったが、万博開催を関連付けて一気に実現を図った。名古屋は戦前にも大きな博覧会を相次いで開催し、博覧会をバネにしている。

博覧会を機に都市基盤整備

名古屋は博覧会開催を利用して都市基盤の整備を戦前に進めてきた。２００５年の愛知万博（愛称＝愛・地球博）はまだ過去のことではない。愛知万博は同年3月25日に開幕、その1カ月前の2月17日には中部国際空港が開港した。新空港構想は万博構想の前からあったが、万博誘致を進める過程で万博のアクセス空港としての位置付けが生まれた。そして、１９９７（平成9）年に万博誘致に成功したことで、万博開幕前までの開港という目標設定ができた。１９６０年代から中部の拠点となる国際空港の整備を求める声が産業界を中心に上がっていた。しかし、愛知万博と関連付けなければ、中部国際空港の開港は遅れていたことだろう。２００８年のリーマンショックとその後の混迷を考えると、開港がいつになったのか分からない。

愛知万博と中部国際空港の同時推進は、地域の経験を生かしたものである。両事業を推進した政財界幹部は戦前のことを知っていたに違いない。

明治以降の東海地方、なかでも名古屋を振り返ると、博覧会を地域振興に効果的に利用してきた。愛知万博と中部国際空港の地域に与えた影響の歴史的評価をくだすのはまだ早いが、地域の

にぎわう愛知万博会場（2005 年）

転換点として後世の歴史家が記述することになるだろう。

１８７１（明治４）年7月に廃藩置県が行われ、名実ともに明治の新しい時代が始まった。明治維新後、歴史の動きは加速し現代に至っているが、名古屋の新しい時代は博覧会とともに始まった。

廃藩置県のあった年の11月11日から15日までの5日間、名古屋・大須の総見寺で「博覧小会」が開催された。古美術品など約４００種を出品する展示会である。主催は文明社という新聞社。

展示内容は、江戸時代後期に盛んだった物産会、見世物、書画会、開帳の流れをくむものだった。開帳は寺院の秘仏を公開するもので、庶民の娯楽として大勢の参詣者が集まった。

「博覧小会」はこうした江戸時代の延長線上のものだが、博覧会という名を掲げ、文明が開化し、新しい時代の到来を告げた。

明治とともに博覧会

廃藩置県とともに博覧会が開催されたが、「博覧小会」の次に1874（明治7）年5月1日から6月10日まで、東本願寺名古屋別院で「名古屋博覧会」が開催された。主催は名古屋の有力商人らで、愛知県も開催に関与した。明治4年の博覧会と同じように、古美術品が中心であったが、名古屋城の金の鯱鉾（しゃちほこ）が展示され人気を集めている。金鯱は無用の長物とされ、名古屋城天守閣から降ろされ、明治5年の東京・湯島で行われた博覧会に出展された。「名古屋博覧会」で出展された金鯱はそのうちの一尾である。

江戸後期には本草学者による物産会などが盛んに開かれ、明治政府が博覧会を移入する前から博覧会開催の素地はできていた。なかでも、尾張の本草学は全国でも高いレベルに達していた。水谷豊文と門人の大河内存真、伊藤圭介（1803〜1901）らが活躍し尾張本草学の名を高めていた。水谷豊文が主宰する嘗百（しょうひゃく）社は薬品会や本草会を開催しており、伊藤圭介が1827（文政10）年に自宅で象皮、象歯、常盤柿など種々の物品を集めて、一般公開したのが尾張における薬品会の始まりという。

明治に入ると、政府は殖産興業を目的に博覧会の開催を働きかけた。1877（明治10）年には本格的な博覧会を目指し、「第1回内国勧業博覧会」を東京・上野で開催した。欧米を視察した大久保利通の提案であり、大久保らの欧米視察や1873年のウイーン万博参加の経験から博覧会の効果に政府内で注目していた。同年には西南戦争が勃発しているが、世情が落ち着かない中でも博覧会を開催し、産業振興に意欲を示した。

「第1回内国勧業博覧会」の翌年には、名古屋でも近代的な博覧会が開催される。1878（明治11）年9月15日から11月3日までの「愛知県博覧会」がそれである。主催は愛知県。明治4年に「博覧小会」が開催された大須の総見寺境内に工芸博物館が同年建設された。この博覧会は「第1回内国勧業博覧会」に触発され、同博物館を会場に開催された。

第10回関西府県連合共進会

明治11年開催の「愛知県博覧会」には農産物、陶磁器、繊維機械など約4万点が出品され、約12万人の来場があった。開催と同時に開館した工芸博物館は、公立名古屋博物館、愛知県博物館などと名称、所在地を変えながら、戦後の愛知県中小企業センター、現在のウインクあいち（愛知県産業労働センター、名古屋駅前）へとつながる。

20世紀に入ると、大規模な博覧会が相次ぎ開かれ、地域のインフラ基盤整備とからめて行う傾向が見られるようになる。

１９１０（明治43）年3月16日から6月13日までの90日間、「第10回関西府県連合共進会」が開催された。会場は名古屋市の鶴舞公園で、この博覧会の会場にすることを当面の目的に開園している。鶴舞公園は名古屋市街地の大公園として市民に親しまれるとともに、１９１８（大正７）年の米騒動で群衆が集まり決起した会場となるなど、名古屋の歴史を刻んできた。１９２３（大正12）年には、現在の名古屋市鶴舞中央図書館が公園内に開設された。また、普通選挙法施行を記念して、１９２８（昭和３）年に名古屋新聞社（現・中日新聞社）が寄贈した普選記念壇があるなど、鶴舞公園は名古屋の文化、市民運動の中心となった。

「第 10 回関西府県連合共進会」の会場風景。（「第十回関西府県連合共進会記念写真帳」から）

「関西府県連合共進会」は１８８３（明治16）年の初回の大阪府開催を皮切りに京都府、広島県、富山県、香川県、三重県などで数年ごとに開催されてきたが、最終開催の愛知県開催が出品数、来場者数とも群を抜いている。前回の三重県開催（1907年、会場＝津市・偕楽公園一帯）も当時としては大規模だったが、出品数は三重県開催から倍増の約13万点となった。農具、陶磁器、織物など産業展の色彩が強いが、夜はイルミネーションで彩られ、活動写真館、旅順海戦館なども開設し娯楽も充実していた。

来場者数は、三重県開催の3倍の263万人に達した。当時の名古屋市の人口が約40万人であることを考えると、来場者数のすごさが分かる。

博覧会開催とともに鶴舞公園や新堀川を整備

「第10回関西府県連合共進会」の会期に合わせて、全国新聞記者大会などの関連イベントも多数開催されている。これも現在の大規模イベントのやり方を先取りしている。また、開催をめぐり「開催の必要を感じない」などと反対意見も県会であった。市部選出と郡部選出の議員による費用負担をめぐる意見の対立が背景にある。愛知万博の開催計画に対し激しい反対運動があったが、東海地方初の大規模イベントと言えるこの博覧会でもすでに博覧会開催の意義が議論されている。

「第10回関西府県連合共進会」の夜の光景。（「第十回関西府県連合共進会記念写真帳」から）

会場となった鶴舞公園の用地整備は、精進川の開削工事で発生した大量の土砂を利用した。精進川は「第10回関西府県連合共進会」開催の１９１０（明治43）年に付け替え工事を終え、翌年に名称を新堀川と改めた。精進川流域は歴史的に水害が多く、開削工事が長年の課題だったが、博覧会開催準備、鶴舞公園の整備と同時に進めることで実現させている。さらに、新堀川流域には産業施設の立地が進み、名古屋の産業振興に寄与した。新堀川流域には、日本ガイシ、日本特殊陶業、東邦ガスなどが拠点を構えている。

名古屋市は会場の鶴舞公園に至る道路整備も行った。新栄と上前津から鶴舞に至るそれぞれの道路であり、博覧会開催を機に名古屋の道路整備は一段と進んでいく。

また、名古屋電気鉄道（現・名古屋鉄道）はこの博覧会を契機に路線新設を進めた。このうち、枇杷島線（押切町―枇杷島）は全線の敷地を所有する同社初の専用軌道となった。

いとう呉服店（松坂屋）は１９１０年、開幕に合わせて名古屋初の百貨店を栄で開店している。続いて、閉幕後の１９１５（大正４）年には十一屋（丸栄）が栄に進出した。また、来場者は博覧会会場の夜のイルミネーションの美しさに目を奪われ、電気が普及し始め、生活のスタイルが変わっていく。

御大典奉祝名古屋博覧会

「第10回関西府県連合共進会」が開催された１９１０（明治43）年は、徳川家康が名古屋城を築城した１６１０（慶長15）年から３００年にあたる。名古屋開府３００年記念事業も会期中に繰り広げられ、同博覧会は市民に新しい時代を迎えたことを実感させた。

名古屋港が３年前の１９０７年に開港している。名古屋港開港に続き、同博覧会の開催など一連のプロジェクトは名古屋の都市化と産業化を加速させた。

18年後の１９２８（昭和３）年に「御大典奉祝名古屋博覧会」が開催される。会期は同年９月15日から11月30日まで、会場は鶴舞公園である。昭和天皇の即位を記念したもので、主催は名古屋市長が会長の名古屋勧業協会。産業振興を目的に、機械館、農林館、電気館などが開設され、

「御大典奉祝名古屋博覧会」の会場（「御大典奉祝名古屋博覧会総覧」から）

出品数は約十万点に及んだ。全国37府県が参加し、日本統治下の朝鮮総督府、台湾総督府などの出展もあった。会場の鶴舞公園内に市立名古屋動物園が１９１８（大正７）年に開園しており、博覧会の一部として来場者を楽しませた。来場者数は「第10回関西府県連合共進会」には及ばなかったが、１９４万人が訪れている。

ＪＲ中央線の鶴舞駅は、この博覧会の会期中に臨時駅として開業。その後、１９３７（昭和12）年に常設駅として正式に開業した。この時期に昭和天皇のご成婚、即位を記念してさまざまな事業が推進された。鶴舞公園内の名古屋市公会堂は１９３０（昭和５）年に完成。また、名古屋市役所本庁舎は設計コンペが行われ、33年に完成。愛知県庁本庁舎は38年に完成した。両庁舎とも、昭和初期を代表する近代建築として国指定重要文化財である。

続いて、「名古屋汎太平洋平和博覧会」が１９３７（昭和12）年3月15日から5月31日まで、名古屋市の熱田前新田（現・港区役所付近）の約50ヘクタールを会場に開催された。同博覧会は、「第10回関西府県連合共進会」と並び、名古屋の都市基盤の整備を並行して推進し、名古屋の歴史の画期となる大イベントである。

名古屋汎太平洋平和博覧会

「名古屋汎太平洋平和博覧会」の開催された１９３７（昭和12）年の7月には日中戦争が始まっている。すでに戦争の時代となり、日本は破局に向かっていたが、戦前最大の博覧会となった。

本格的な国際博覧会であり、環太平洋地域の29カ国・地域、鳥取を除く全道府県が参加した。参加国はビルマ、シンガポール、米国、カナダ、ブラジル、アルゼンチン、チリ、オーストラリアなど。出品数36万点、来場者数４８０万人の空前の規模の博覧会であった。産業本館、外国館、海外発展館、農林館などに加え、当時の時代を反映し満州館、蘭領印度館などが設けられた。朝鮮館、台湾館は東京館や大阪館と同じように、外国館ではなく国内扱いだった。また、透明人間館は大変な人気を呼んだ。主催は名古屋市。

博覧会名に「平和」を掲げて、一方的ながらも環太平洋地域との平和共存を願っていた。外国

空前の規模の「名古屋汎太平洋平和博覧会」（「名古屋汎太平洋平和博覧会」から）

人来場者を迎えるために、名古屋の芸妓の英会話講習会も開かれているが、まもなく戦時体制へ移行し、英語は敵性語となる。

開催の主な目的は、名古屋港を利用した貿易振興だが、市南西部の臨海地域の開発を促進する狙いもあった。会場内には、中川運河の支線が引かれ、市電も敷設された。

同博覧会を機に、名古屋の都市整備を強力に推進した。名古屋駅は現在地に１９３７年3月15日の開幕の前月に移転新築、オープンした。新設後の名古屋駅から東へまっすぐ延びる桜通も開通させ、名古屋駅前地区の土地区画整理を１９３８年度から始めた。桜通は当時珍しい幅50メートル。桜通の設計の中心となったのは石川栄耀（ひであき）であり、彼は戦前に愛知県で時代を先取りする都市計画を行った。

開幕に合わせて、東山動物園と植物園が開幕と同じ月に開園した。鶴舞公園内にあった動物園を移転、拡充したもので、「東洋一の動物園」と言われた。

名古屋観光ホテルが前年12月に開業している。名古屋の発展へ外国人が宿泊できる国際都市にふさわしいホテルが求められていた。また、開幕月には、愛知郡下之一色町、西春日井郡庄内町、同萩野村を編入し、市域が拡大している。

「御大典奉祝名古屋博覧会」と「名古屋汎太平洋平和博覧会」開催時の名古屋市長は大岩勇夫である。大岩は博覧会開催などとともに「中京デトロイト化構想」を打ち出し、愛知県内の企業に自動車の共同開発を呼びかけ、戦後の自動車産業の基礎をつくった。

幻の名古屋オリンピック

中部の政財界幹部は1981（昭和56）年9月30日夜、名古屋城西隣のホテルナゴヤキャッスルに設けられた「IOC総会連絡本部」へ集まった。西ドイツのバーデン・バーデンで開催のIOC（国際オリンピック委員会）総会で1988（昭和63）年の夏季オリンピックの開催地が決定される。その結果を待ち受け、皆で喜びを分かち合うはずだった。名古屋オリンピック開催を政財界関係者は信じて疑わなかった。

名古屋オリンピック誘致を市民にアピール（1981年4月、名古屋・栄）

開催決定を祝うくす玉を用意し、「１９８８年のオリンピック開催地は名古屋」との連絡を待ち受けていた。ところが、会場に据え付けたテレビは「ソウルに開催決定」と速報。詰め掛けた参加者は、万歳三唱の腕を上げかけるところだった。ぼう然とし、振り上げかけた腕を下ろすことができない人もいた。会場は無言となり、誰もがうなだれた。

名古屋オリンピック構想は１９７７（昭和52）年に当時の仲谷義明愛知県知事が打ち上げ、愛知、岐阜、三重での広域開催を計画していた。メーンスタジアムは名古屋の平和公園に建設する予定だった。都市高速や地下鉄など名古屋のインフラは１９８８年を目標に整備が進められていた。

１９８８年の夏季オリンピックには名古屋のほか、オーストラリアのメルボルン、韓国のソウルが誘致に名乗りを上げた。メルボルンが81年になり、財政問題などを理由に辞退し、ソウルとの一騎打ちとなった。ソウルの韓国初開催に比べ、名古屋開催は夏季オリンピックとして日本で

2回目となる不利な面があるうえ、名古屋オリンピックに反対する市民運動もあった。それでも「名古屋がソウルに負けるはずがない」と大半の関係者が高をくくっていた。名古屋だけでなく、多くの日本人がそう思っていた。

9月30日のＩＯＣ総会で名古屋が大差で勝つと思われ、百貨店は「祝・名古屋オリンピック」と書かれた垂れ幕を用意し、新聞社はオリンピック誘致成功の特別紙面を事前に制作、テレビ局は特別番組の放送を準備していた。名古屋駅前や栄では、オリンピック誘致をアピールする巨大看板やサインボードが早くから設置され、平和公園には「メーンスタジアム候補地」と書かれた立て看が据え付けられていた。

投票結果は名古屋が27票、ソウルが52票の予想外の大敗だった。韓国が経済力を付けて国際社会に躍り出てきたことに加え、オリンピック誘致活動で総会直前になり急速に追い上げていた。誘致失敗の痛手は大きく、仲谷愛知県知事は誘致失敗の翌年、3期目の知事選不出馬を表明した。市民は名古屋に何となく自信が持てなくなった。

愛知万博誘致に成功

名古屋オリンピックが開催されるはずだった1988（昭和63）年10月、愛知県、名古屋市、中部経済界が21世紀初頭に万国博覧会を開催する構想を打ち上げた。これを受け、同年12月のBIE（博覧会国際事務局）総会で日本政府代表が万博開催の意思表明を行った。オリンピック誘致失敗が万博誘致という形で引き継がれた。

さらに、「世界デザイン博覧会」が1989年に開催される。名古屋市制100周年の記念事業であり、テーマは「ひと・夢・デザイン―都市が奏でるシンフォニー」。会期は7月15日から11月26日まで、白鳥会場、名古屋城会場、名古屋港会場の三会場で開かれた。中部の主要企業が娯楽性のあるパビリオンを開設し、3会場合わせて約1500万人を集めた。なお、JR東海、名鉄、名古屋市営地下鉄の金山駅は連結が悪く長年の懸案だったが、開幕に合わせて、三者が乗り入れた「金山総合駅」が直前の7月9日に開業している。

「世界デザイン博」は名古屋オリンピックの代替イベントとしての性格もあったが、本命は万博誘致であった。1995（平成7）年12月に開催申請を閣議決定。この段階では、瀬戸・海上

（かいしょ）地区（「海上の森」）が主会場だった。

翌年の1996年4月に日本政府が2005年の万博誘致を正式に申請。同じく立候補したカナダ・カルガリー、オーストラリア・ゴールドコーストとの間で誘致競争が繰り広げられた。その後、ゴールドコーストが辞退したため、カルガリーとの一騎打ちとなり、1997年6月12日にモナコで開かれたBIE総会で誘致が決定した。

BIE の投票結果を聞き、喜びの声が上がる。（1997 年 6 月 13 日未明、名古屋観光ホテル）

得票数は愛知が52票、カナダ・カルガリーが27票だった。1981年のIOC総会では名古屋27票、ソウル52票。偶然だが、同じ得票数が逆になり今度は勝った。名古屋の政財界幹部は名古屋観光ホテルに集まり、BIE総会の投票結果を待った。愛知の勝利が日本時間の13日未明に速報されると、喜びの声が上がり、万歳をする人が会場のあちらこちらで見られた。名古屋オリンピック誘致失敗の1981年から16年が経ち、中部の政財界幹部の顔ぶれは変わっていたが、開票前には名古屋オリンピック誘致失敗を思い起こしていた。今回は安堵の胸をなでおろした。誘致成功を受け、１９９７年10月には２００５年日本国際博覧会協会が設立された。

ＢＩＥ調査団が視察。推進派、反対派市民がアピール

愛知万博の開催決定の前年の１９９６年11月17日、６人のＢＩＥ（博覧会国際事務局）調査団が名古屋に到着した。２００５年の博覧会開催候補地の視察が目的であり、行く先々で推進派市民が大歓迎し、ジリス・ノゲス団長は「開催地は我々６人が決めるわけではなく、ＢＩＥ加盟国の投票で決定する。誤解していないか」と歓迎ぶりにむしろ戸惑っていた。一方、反対派市民も派手に行動した。市民団体主催の歓迎式典が17日午後、ＪＲ名古屋駅西口広場と久屋大通公園で開かれた。名古屋駅西口の式典では反対派が人垣でぐるりと取り囲み、フランス語で「万博はいらない」とシュプレヒコールを繰り返し、歓迎の幼稚園児の鼓笛隊演奏には「子供をだしに使うのはやめろ」、檀上にオペラ歌手が立つと「恥ずかしくないのか」とやじを飛ばしていた。

調査団は翌18日に会場予定地の瀬戸市・海上地区を視察した。反対派はＢＩＥ調査団が乗るバスを待ち受け、百数十人がプラカードを持ってバスに近づいたり、10人ほどがバスの前にダイ・イン（横たわり抗議の意思を示す）して通行を妨害した。調査団は「こんなに立派な構想がある

のに、なぜ反対派がいるのか」と聞いていた。

それでも、官民を挙げての熱心な誘致活動が功を奏し、1997年6月に開催を勝ち取ったが、誘致決定後に海上地区を主会場とすることへの反対の声が小さくなることはなかった。名古屋オリンピック失敗の苦い体験から勝ち取った愛知万博誘致だが、乗り越えなければならない難関がまだあった。

地面に横たわり BIE 調査団が乗るバスの運行を妨害する反対派市民。1996年 11 月 18 日、海上地区で。

愛知万博の正式名称は2005年日本国際博覧会で、開催テーマは「自然の叡智」。会期は2005年3月25日から9月25日までで、約2200万人の来場があった。会場は、長久手会場（愛知青少年公園、158ヘクタール）と瀬戸会場（海上地区、15ヘクタール）にわかれた。調整を経て主会場は長久手会場となり、長久手会場は土地の改変を極力避けるため、会場内を空中回廊「グローバルループ」で結んだ。瀬戸会場は里山の中にあり、会場は狭いが愛知万博のテーマを象徴する場となった。1970（昭和45）年の大阪万博のテーマは「人類の進歩と調和」。35年後の愛知万博は会場計画をめぐる市民団体との協議、開催テーマなどこの間の時代変化を反映したものとなった。

万博の会場計画を大幅変更

愛知万博は1997（平成9）年6月の誘致決定後に大きな変更があった。主会場の海上地区（海上の森）に生息する生物への影響を懸念し、海上の森を会場にすることに対し激しい反対運動が起こった。

その上、1999年5月12日、愛知県と博覧会協会が絶滅危惧種のオオタカの営巣を会場予定地で発見したと発表した。会場予定地に隣接した2カ所でもオオタカの営巣が見つかり、この時点で海上地区を主会場とする計画の雲行きが怪しくなった。オオタカの営巣が見つかると、2営巣期、1年半以上の調査が必要だった。続いて絶滅危惧種の植物、クサナギオゴケを海上の森自然観察会、日本野鳥の会など自然保護団体が会場予定地で確認し、6月8日に保全措置を愛知県に申し入れた。さらに、群生するシデコブシへの影響なども自然保護団体が訴え、ＢＩＥ（博覧会国際事務局）の態度が硬化し会場変更の流れができていった。

そして、愛知県は2000（平成12）年4月になり、海上地区の会場予定地の跡地利用計画である新住宅市街地開発事業（瀬戸市東南部地区新住宅市街地開発事業、新住事業）を中止し、事実上、博覧会の会場計画の大幅見直しへ動き出した。万博アクセス道路の名古屋瀬戸道路とともに、新住事業は１９９６年７月に都市計画決定の手続きに着手していた。

計画によると、対象地域は万博閉幕後に学術研究施設や公共施設、住宅などの用地に利用するほか、自然を保全する地域から構成されていた。具体的には、「産業技術博物館」の誘致が目玉だった。当時、国には米国のスミソニアン博物館、英国の科学博物館のような産業技術の国際的博物館を設ける構想があった。愛知県は製造業が盛んであり、「大阪万博の跡地に民族博物館があるように、愛知万博跡地に産業技術博物館を残し、愛知万博の遺産を伝えたい」としていた。

瀬戸・海上地区（1996 年 11 月）

会場予定地の基盤整備を新住事業により行い、国の資金を引き出して会場建設費を安く抑える目論見もあり、万博開催と表裏一体の事業と位置付けられていた。

新住事業の中止後、２０００年５月には愛知万博検討会議が発足し、博覧会協会や愛知県に自然保護団体、市民団体も加わり博覧会会場計画について協議を行った。同年8月に合意し、新計画の骨格が固まった。主会場は愛知青少年公園（現・「愛・地球博記念公園」）へ変更となり、海上地区は会場面積を大幅縮小し、里山の自然に触れるサブ会場となった。続いて、同年12月15日のＢＩＥ総会で、愛知万博開催と会場の基本的な計画が承認され、正式登録された。

堺屋太一氏、計画の大幅変更を要請

愛知万博は地域をあげた熱心な誘致活動があった半面、反対派市民団体や自然保護団体から異議を突き付けられてきた。そして、２０００年になり海上地区の新住事業を中止、主会場を愛知青少年公園へ変更するとともに、市民団体なども加えた愛知万博検討会議を設け、幅広いコンセンサスを得て会場計画を修正した。こうして、愛知万博は会場規模が縮小されたものの、市民参加型万博として打ち出せるようになった。

ところが、開催計画が再び大幅変更になる可能性が出てきた。２０００年末のＢＩＥ総会での正式登録を受け、２００５年日本国際博覧会協会は運営体制を整えて具体的な開催の準備に入り、２００１年3月に作家の堺屋太一氏が博覧会協会の最高顧問に就任した。最高顧問は開催コンセプトをまとめるのが役割だった。

堺屋氏は就任早々、「今の状態では開けない」と計画案を批判し、再び大幅修正しＢＩＥに登録修正をするよう協会に求めた。堺屋氏は「新住事業で始まり、新空港といっしょに扱われ、公共事業として捉えられてきたが、これからは文化事業として受け止めてほしい。愛知万博は新しい文明をつくり、閉塞感を打ち壊す使命があるが、文化はコンセンサスではない」「文化は創造力と美意識。今の計画はここに問題があるからこうしようという問題解決型。この計画では非日常的な喜びを感じない」と言い切った。また、会場が狭いうえ劇的な要素がないとし、「博覧会を開きたいのか、地方博を開きたいのか」と、計画変更を迫った。

堺屋氏の主な提案は、豊田市内の鉱物採取場と愛知青少年公園の南東部を会場に含めて拡大すること。さらに、「ヘクタール・ビジョン」という施設を建設することであった。鉱物採取場は使用できるのか疑問視されたうえ、アクセスに問題があった。愛知青少年公園の南東部は希少種が生息し、ＢＩＥ登録から外した区域だった。「ヘクタール・ビジョン」は高さ１００メートル、幅１８０メートルで壁面が巨大な映像装置となり、この中に外国館をデパートのように集める。

これに対し、地元の賛同は少なかった。経済界は「３、４年前に言ってほしかった」、市民団体は「地域でとってきた手法から外れる。地域合意の手順を順守してほしい」、愛知県幹部は

「法を曲げて環境アセスを通すことはできない」と否定的だった。

結局、これまでの積み重ねと地域合意を選ぶことになった。堺屋氏は計画の大幅修正を求めたが、地元は受け入れなかった。堺屋氏は6月末に博覧会協会の最高顧問を辞任。翌月には木村尚三郎、泉眞也、菊竹清訓の三氏を総合プロデューサーに迎え、開催準備の再スタートを切った。このまま準備が進み、２００５年3月の開幕を迎えた。

万博誘致が新空港建設を後押し

愛知万博の誘致が決定したことにより、中部国際空港に万博アクセス空港の位置付けが正式に加わり、建設推進に拍車がかかった。博覧会開催とインフラ整備をセットで推進することは、戦前の「第10回関西府県連合共進会」「名古屋汎太平洋平和博覧会」の成功体験がある。

中部の政財界は万博、新空港を「中部の二大プロジェクト」と呼び、相互に関連付けながら推進した。なお、小泉純一郎内閣が首都機能移転を事実上凍結するまで、愛知万博、中部国際空港、中部への首都機能移転を「中部の三大プロジェクト」と呼んでいた。

万博、新空港の事業化推進時の鈴木礼治愛知県知事は首都機能を「迷惑施設」と発言したこともあったが、岐阜県が東濃地域、三重県が畿央地域への移転に力を入れており、東海地方として「三大プロジェクト」の同時推進で協調していた。首都機能移転先の有力候補地は、岐阜県東濃と福島県阿武隈・栃木県那須の両地区というのが大方の見方だった。首都機能移転は1992（平成4）年に「国会等の移転に関する法律」が成立し、候補地の選定作業が始まり、1999年に国会等移転審議会が移転先候補地として「栃木・福島地域」と「岐阜・愛知地域」に絞り込み、「三重・畿央地域」を移転先候補地となる可能性がある地域としていた。

中部空港調査会の第１回理事会（1986年２月６日）

中部国際空港は万博誘致前から構想があった。1966（昭和41）年3月、愛知県議会で当時の桑原幹根知事が質問に対し、「今後の中部の発展のため、本格的な一大国際空港が名古屋近くに必要」と答弁した。続いて、1969年12月には、中部経済連合会が「国際貨物空港」の構想を打ち出している。

1976（昭和51）年9月になると、地元経済界が「国際空港問題共同研究会」を設置。同研究会は1978年12月に伊勢湾での新空港建設を提言し、海上空港建設の流れができていく。そして、1979年6月には、愛知県が翌年度の国の予算要望で新空港建設を求めた。これが国への初の公式な空港建設の要望である。

その後、1985（昭和60）年になると、建設促進の組織が相次いで設立された。経済のグローバル化が進むなか、前年に国土庁などがまとめた「東海環状都市帯整備構想」で中部圏に新空港が長期的には必要と提言されたことなどにより、機運が盛り上がった。同年1月に中部新国際空港建設促進期成同盟会、3月に中部新国際空港建設促進議員連盟、12月に中部空港調査会が発足。中部空港調査会は東海3県、名古屋市と地元経済団体で組織し、新空港建設へ各種調査を行った。

90年代半ばに空港建設の動きが加速

地元で建設候補地を絞り込まないと、新空港建設を先へ進めることができない。常滑沖や鍋田沖が候補地に挙がっていたが、東海3県や経済界の利害が入り組んでいた。東海3県知事と名古屋市長は1989（平成元）年3月22日に集まり、新空港の建設地について協議した。この結果、「伊勢湾東部の海上が望ましい」とまとまり、常滑沖に事実上決まった。岐阜県、三重県はアクセスしやすい鍋田沖を望んでいたが、鍋田沖は陸域に近い上、名古屋空港の自衛隊との航空管制の調整が難しいことなどが常滑沖に選ばれた理由とされた。

そして、東海3県と名古屋市は翌年5月に中部新国際空港基本構想を運輸大臣に提出。1993（平成5）年12月5日には、愛知県が常滑沖周辺でジャンボ機による1回目の実機飛行調査を行い、航空機騒音による周辺地域の住環境や漁業、船舶への影響を調べた。実機飛行調査は1996年8月22日夜にも行われた。

常滑沖で実機飛行調査（1993年12月5日）

続いて、大きな進展があった。1995（平成7）年8月、運輸省の航空審議会・空港整備部会が「第7次空港整備五カ年計画の基本的な考え方（中間とりまとめ）」を公表し、中部新国際空港を国際ハブ空港として事業推進を明記し、空港建設へ大きく動き出すことになった。「これで実現できる」と、地元は沸いた。

この取りまとめでは、成田空港の整備、羽田空港の沖合展開、関西国際空港の二期事業着手に続き、「中部新国際空港については、総合的な調査検討を進めその事業の推進を図る」と記している。これを受け、東海3県、名古屋市、地元経済団体、国の出先機関などは同年12月、中部新国際空港推進調整会議を発足させ、空港計画、事業方式、アクセス整備、環境影響予測、地域整備構想からなる具体計画案の検討に入った。これらは「五点セット」と呼ばれ、新空港プロジェクトの根幹である。続いて、「第7次空港整備五カ年計画」が1996年12月に閣議決定され、新空港建設が国の事業として正式に位置付けられた。

中部新国際空港推進調整会議は1997年3月、「五点セット」の地元計画案をまとめた。空港計画は「開港時は3500メートル滑走路1本、空港本体の面積が470ヘクタールだが、将来構想は4000メートルの滑走路2本（クロースパラレル）、700ヘクタール」などと具体的な内容を打ち出したが、事業方式は「最適な事業のあり方について検討していく」と具体的な記述を避けた。アクセス整備では名鉄常滑線をアクセス鉄道としたうえで、「将来の航空需要を勘案し、西名古屋港線延伸の検討を進める」と加えた。武豊線については触れなかった。

空港建設への経緯を記してきたが、中部新国際空港と事業推進段階の名称に「新」が付いていることにお気付のことと思う。空港の名称は、1997年12月に政府予算案編成の過程で現名称に変わったが、これには隠された意味がある。地元は名古屋空港と新空港の二空港で定期便を運行する「一都市二空港」にこだわった。しかし、国は二空港並立による新空港経営への影響を懸念していた。新名称には「一都市二空港」ではなく、定期便を運行する唯一の空港という意味が込められている。国は新空港への定期便一元化を事業化の条件とし、この時までに地元にのませていた。

定期便を新空港へ一元化

新空港建設は名古屋空港の周辺市町にとって経済基盤を揺るがす問題だった。定期便の一元化問題で揺れるなか、愛知県は１９９７年9月、西春日井郡豊山町、小牧市など周辺市町と「名古屋空港将来構想検討会議」を設け、中部国際空港開港後の名古屋空港のあり方の協議に入った。そして、国の方針を受けて、愛知県は同年11月の会議で、定期便の中部国際空港への一元化を前提にするとともに、名古屋空港を定期便以外の空港として維持する方向性を打ち出した。

さらに、同年12月12日、江崎定男豊山町長が鈴木礼治愛知県知事に一元化をめぐる要望書を提出し、新空港開港後の名古屋空港周辺地域の十分な地域振興を求め、中部国際空港への定期便の一元化を事実上容認した。豊山町は名古屋空港の航空需要に依存する民間事業者が多く、一元化による地域経済への影響が大きい。苦渋の選択だった。愛知県はただちに国に報告し、年末の1998年度政府予算案の編成で新空港の事業費確保を確実にした。

名古屋空港の将来構想は1999年4月にまとまった。GA航空を拡大するとともに、航空関連産業などの誘致の用地を確保することになった。GAはゼネラルアビエーションのことで、定期便と防衛を除く航空活動を意味し、具体的にはコミューター航空、ビジネス航空、公共航空などを指す。この構想に基づき、県営名古屋空港は現在の業容となった。

また、鉄道アクセスの路線選定でも駆け引きが行われた。中部国際空港の鉄道アクセスとして、名鉄常滑線が空港島まで延伸されている。当初、鉄道アクセスは名鉄常滑線に加え、さまざまな鉄道アクセス案が浮上した。なかでも、西名古屋港線（あおなみ線）とJR武豊線が有力候補だった。

西名古屋港線はJR名古屋駅を起点としており、広域系鉄道アクセスとなり、空港への集客増につながると期待された。金城ふ頭から知多半島の知多市役所付近まで海底トンネルを設けて、知多半島に上陸後は名鉄常滑線に接続させたり、知多半島の海岸沿いに高架式で走行させる構想が浮上した。西名古屋港線ルートは、名古屋市や岐阜県が整備を望んでいた。名古屋市は西名古屋港線を鉄道アクセスにすることにより、名古屋南部の地域振興の効果も狙っていた。

武豊線ルートは武豊線を空港島まで延伸し、鉄道アクセスにする構想で、知多半島の自治体、経済界が要望していた。三河方面からの利便性に特徴がある。しかし、中部国際空港の需要予測を踏まえると、２本の鉄道アクセスは運営が難しく、名鉄常滑線１本に落ち着いていった。

万博開幕までの空港開港が約束事

万博誘致の成功前に中部国際空港建設が１９９６年12月に国の事業に位置付けられたが、１９９７年６月のＢＩＥ総会での開催決定により、万博開幕に合わせて開港を目指すことができるようになった。

中部国際空港の建設は１９９７（平成９）年12月、１９９８年度の政府予算案で新規事業化が盛り込まれた。これで１９６０年代から働きかけてきた国際空港建設がいよいよ確定し、愛知万博との「中部の二大プロジェクト」が本格的に動き出した。続いて、１９９８年３月、「中部国際空港の設置管理法」が公布。また、空港の最終計画案が同月まとまる。そして、中部国際空港株式会社の創立総会が同年４月30日に行われ、５月１日付で発足した。７月には同社が「中部国際空港等の設置及び管理を行う者」として運輸大臣から指定され、万博開幕までに開港させるだ

空港会社の創立総会（1998 年 4 月 30 日）

けとなった。

また、万博開幕と時期を合わせたインフラ整備では、東海環状自動車道と愛知高速交通・東部丘陵線（リニモ）などがある。東海環状自動車道は、中部国際空港とともに国家的プロジェクトといえ、最初の開業区間の豊田東ＪＣＴ―美濃関ＪＣＴ間が２００５年３月19日に開通している。

リニモは万博会場への鉄道アクセスで、磁気浮上方式（ＨＳＳＴ）により車体を浮かせて運行する。騒音、振動がほぼないうえ高速走行ができ、都市部の交通機関として注目されていた。この方式の鉄道整備は事業化が長年模索されており、万博誘致で実現できることになったと言える。日本航空が当初は開発を手掛け、名古屋鉄道が中心となり引き継ぎ、名鉄築港線に沿って実験線を設けて運行実績を重ねていた。

中部国際空港は、中部圏の国際ハブ空港として開港が長年待ち望まれていた。ただし、万博アクセス空港としての位置付けを得て事業推進をしたため、万博開幕までに開港させることが約束事となった。

ところが、空港会社設立後、漁業補償などの交渉事が長引き、着工は２０００（平成12）年８月１日までずれ込んだ。漁業補償交渉は１９９９年３月２日に常滑漁協との個別交渉を皮切りに始まり、愛知県漁業協同組合連合会の交渉がまず決着した。続いて、三重県漁業協同組合連合会との交渉が２０００年６月12日に妥結し、すべての漁業補償交渉がまとまった。交渉に１年３カ月を費やした。

漁業補償交渉を終え、急ぎ着工したが…

漁業補償交渉がこれほど長引くとは予想されていなかった。長引いた理由の一つに、漁業補償と同時に行われた愛知県漁連との漁業振興策の交渉が難航したことがある。漁業振興策のかけひきで交渉が中断することが度々あった。

漁業振興費は漁業補償費とは別枠で、それまでは漁港施設など主にハード整備に充てられていた。土木建設にかかわる愛知県漁連幹部がおり、公私混同を疑う漁連関係者がいた。さらに、ハード整備と漁業振興との関係について疑問視する声が当時すでにあり、傘下の漁協には「保冷

2000 年 8 月 1 日、本工事に着手

施設などをこれ以上増やすと、職員数も増員することになり、経営が苦しくなる」「漁業振興は取り組んでほしいが、ハードよりも仔魚育成など地道な振興策を望む」という声があった。

さらに、伊勢湾をはさんで愛知県側と三重県側で漁業補償額に差が出て三重県側の平均額が高くなり、着工後にしこりを残している。

三重県漁連との漁業補償交渉は北川正恭三重県知事のあっせんで行われたが、提示額60億円に対し１３６億円で決着した。これに加え、漁業振興費73億円がある。提示額の2倍強の北川氏があっせんした漁業補償費に対し、愛知県漁連から不満が噴出した。

漁業補償費は、空港建設で失う利益などを基準にする算定式がある。本来、交渉ではね上がるものではない。

愛知県漁連とは漁業補償費４３９億６０００万円、漁業振興費70億円で締結しており、この段階で漁業補償費はすでに支払われていた。なお、漁業補償費、漁業振興費とも空港本体に加え、関連開発分を含めた総額である。また、愛知県漁連との交渉は、関連開発を含めた空港プロジェクト全体の交渉を愛知県の担当部署が中心となり引き受けた。

三重県漁連との補償交渉妥結から4日後の2000年6月16日に愛知県漁連の通常総会が開催された。この総会で愛知県漁連は三重県漁連への補償額を厳しく批判し、来賓として招かれた神田真秋愛知県知事は「三重県知事のあっせんの結果とはいえ率直におわびする」と陳謝した。

さらに、愛知県漁連は三重県漁連との漁業補償の格差が解消されないまま工事が着手されたとして、2000年8月1日の着工の翌日、工事中止を求める文書を愛知県と空港会社に提出、8月3日には工事海域周辺で大漁旗を掲げて漁船約650隻で海上デモを行った。同日午前に知多半島南部の漁船約360隻、午後に三河の漁船約290隻に分かれて繰り広げたが、空港建設の影響が最も大きい常滑市内4漁協は「空港を早くつくり、漁場制限を解除してほしい」として、海上デモに参加しなかった。その後、愛知県漁連への漁業補償費の増額はなかったが、漁業振興費は2000年10月に合計100億円へ増額することで決着した。

チームワークで工期短縮

漁業補償交渉をようやく終えたが、残された時間にもう余裕はない。6月12日の三重県漁連との交渉妥結後、同月23日には公有水面埋立免許が交付され、25日に準備工事に着手した。本工事の着手は8月1日と急ピッチで進めた。ただちに工事に着手できるように事前に準備を進めており、補償交渉妥結前の4月14日に三重県漁連から事業同意をあらかじめ得て、愛知県が同月17日に公有水面埋立免許の認可申請を国に行っていた。また、海上の空港である中部国際空港の建設には、公有水面埋立免許に加え、飛行場設置許可の2種類の手続きが必要であり、後者は4月21日に運輸大臣が空港会社に許可を与えていた。

起工式は本工事着手後の8月19日に常滑市内で行われた。準備が間に合わなかったとみられる。いずれにせよ、3500メートルの滑走路、470ヘクタールの広さ（愛知県企業庁の関連用地を含めると空港島の面積は580ヘクタール）の海上の国際空港を建設するにはあまりにも工期が短い。

万博開幕前の開港が危ぶまれたが、2004年10月には旅客ターミナルが完成し稼働テストに入り、2005年3月25日の万博開幕の1カ月前の2月17日の開港にこぎ着けた。

中部国際空港は開港時に事業費削減が大きな話題になったが、短い工期で海上の国際空港をつくり上げたことはそれほど注目されなかった。当初計画の開港日は2005年3月19日で、この実現も難しいと思われたが、海外の新設空港で開港直後のトラブルが当時続発しており、万博開幕直前の開港を避けるため1カ月ほど前倒しをした。

建設中の道路橋（2001年10月24日）

工期短縮のため、新工法や新技術を積極的に採用しただけではない。埋め立て工事の工区を十九に細分化し、埋め立てを完了したところから、直ちに施設の建設に着手した。埋め立て工事の横で、施設建設が行われた。また、知多半島と空港島を結ぶ道路橋は4車線のうち2車線を2002年8月に完成させ、ターミナル建設などに従事する人員や資材の搬送に利用できるようにした。船舶による搬送では、時間もコストもかかる。

建設工事中は、天候に比較的恵まれる幸運もあった。奇跡的な短い工期は平野幸久空港会社社長のリーダーシップに加え、官民の連携、段取りの調整など、工事業者も含めたすべての関係者のチームワークが最大の成功要因と言える。

空港の事業方式、直前に変更

万博のように、空港事業も当初の計画通りに進まず、予期せぬことが次々と起こった。1998年5月の空港会社設立後、交渉事が長引き、着工までに2年以上もかかっただけではない。なかでも、中部国際空港の事業方式が事業化の直前に大幅変更となったことに関係者は驚いた。海面を埋め立てて空港を建設するため、上下分離方式で実施するのが地元の長年の合意で、この方式で国と調整を行ってきた。採算の悪い用地造成（下物）と空港本体（上物）を切り離し、空港会社は上物の建設・運営を担当し、空港会社の見かけ上の経営を楽にする。上物は民間、下物は公共が中心になるイメージだった。

ところが、1997（平成9）年6月頃、1998年度国家予算に空港建設事業費を盛り込むための概算要求の調整の中で、国から上物、下物とも空港会社が担う一体経営方式への変更を示された。当時の橋本龍太郎内閣が行財政改革を進めており、この影響である。

すべてを透明にし、その後の公共事業のモデルとなった。上下分離方式は問題の所在が見えにくくなるが、当時は疑問を持つ人が少なかった。また、上下分離方式は関西国際空港の二期工事で採用されたが、関空二期は水深が深い軟弱地盤での工事であり、下物の用地造成がターミナルなどの上物の3倍近くの費用が見込まれていた。これに対し、中部国際空港は安定した地盤での用地造成で事業費が抑えられることが明らかになると、上下分離にしてまで空港会社の経営負担を軽減する必要がないとの国の判断もあったとみられる。

中部経済新聞

「一体経営型」が急浮上

中部新国際空港の事業方式

上下分離方式見直し

効率的経営を重視

上下分離方式見直しを伝える新聞報道（1997 年 6 月 21 日付）

事業方式をめぐっては、もう一波乱があった。国土交通省は2001年から翌年にかけて、成田、関西国際空港、中部の下物の整備、管理を一元管理し、3空港の上物を各空港会社が経営する新たな上下分離方式の導入を模索した。経営が苦しい関空の救済が狙いとみられる。中部国際空港は一体経営方式を国から求められ、経営努力をしてきただけに、中部側は受け入れがたいものだった。

新空港プロジェクトをけん引した鈴木礼治氏は愛知県知事を1999年2月に退いていたが、「下物が一つの会社になることで、中部が中央、関西のはざまで埋没し、中部の取り組みの成果がどこにいくのかはっきりしない。民間の人を社長に置き、がんばってきたのに、今回の上下分離に不参加を選択すると、中部国際空港の二期工事で国の協力が得られにくくなる不安がある。だから、これは悪知恵だ」と2001年秋に筆者に語った。

また、平野幸久中部国際空港会社社長は2002年6月3日の国土交通省の交通政策審議会・空港整備部会のヒアリングで、受け入れに難色を示した。続いて、2回目のヒアリングが同月27日にあり、中部経済連合会と名古屋商工会議所の幹部が受け入れに否定的な発言をした。成田も反対し、結局、立ち消えとなった。

空港会社トップは官か民か

民間経営路線は事業方式の転換前から模索されていたが、地元経済界から求めたことではなかった。リスクと負担を嫌い、むしろ官主導を望んでいたが、国に押し切られて民間出身者が経営する民間主導の空港となった。

空港建設へ大詰めの段階となった1997年9月1日、安部浩平中部経済連合会会長は定例会見で「空港会社社長に運輸省OBを迎え、会長、副社長に民間出身者が就任する方向で鈴木礼治愛知県知事と調整している」と明らかにした。これに対し、磯田壮一郎中部運輸局長は同月24日、名古屋市内の講演で「会社運営に民間の人、ノウハウを積極的に出してほしい」と牽制。中央と地元の駆け引きが続いた。

愛知県庁を訪れ､鈴木知事（左側）にあいさつする平野氏（右側)。1998年2月26日

1998年度の政府予算案で中部国際空港の事業費が盛り込まれ、調整が最終段階を迎えた。黒野匡彦運輸事務次官は1998年2月3日の東京での講演で、「中部国際空港の事業主体は民間主導で進めるというのが東京側（自民党、運輸省）の総意だ」と述べ、官出身の社長を要望する中部側に再考を促した。これと前後して、黒野氏は鈴木愛知県知事に国の方針を直接伝えている。黒野運輸事務次官は5日の定例会見で、民間からの登用を正式に表明し駄目押しをした。

中央の情勢をみて、中部の政財界は地元民間出身者が空港会社トップを引き受ける覚悟を固めた。そして、安部中経連会長がトヨタ自動車に空港会社社長候補を出すように要請をした。しかし、トヨタは「空港経営のノウハウはない」と慎重姿勢を崩さず、トップ人事調整は難航した。その後、山崎拓自民党政調会長、黒野運輸事務次官が豊田章一郎トヨタ自動車会長を説得し、トヨタ側が受け入れた。

こうした調整の結果、初代空港会社社長にトヨタグループの平野幸久関東自動車工業（現・トヨタ自動車東日本）社長、会長に安部浩平中経連会長、副社長に運輸省出身の山下邦勝氏が就任した。平野氏は後に「自分が空港会社社長に就任するとは考えたこともなく、あの時は本当に驚いた」と語っている。平野氏は同月25日に空港会社社長に内定し、翌日、磯村巌トヨタ自動車副会長に伴われて、愛知県庁の鈴木知事にあいさつに訪れた。空港経営を軌道に乗せた平野氏の功績は大きいが、愛知県庁で報道陣に囲まれカメラのフラッシュを浴び、この日は戸惑った様子をみせていた。

埋め立て土砂の調達問題

空港会社社長に民間出身者が就任することが決まり、中部国際空港は民間主導の空港として形が整った。また、空港会社の出資金は官民が半額ずつ。民間の出資金調整は１９９７年10月から

造成中の空港島（2001 年 10 月 24 日）

調整が始まり、12月までにトヨタ自動車、中部電力、東海銀行、名鉄グループ、ＪＲ東海の５社が民間出資者の筆頭グループとなる枠組みが固まった。最終的な出資要請計画は、翌年の１９９８年２月６日の中部国際空港・民間出資促進委員会で決まり、５社・グループに続き、地元に加え、中央や関西経済界にも出資を求めた。民間出資者は幅広く集まり、約千社にのぼる。

中部国際空港の建設をめぐり多くの出来事があった。この他の大きな話題として、空港の埋め立て土砂の調達問題と空港建設事業費の大幅削減がある。この二つは関連しており、土砂調達問題に触れたあとで、事業費削減の話をする。

空港の埋め立て土砂は南知多町と幡豆町（現・西尾市）内の丘陵を愛知県企業庁が切り崩し、その山土を主に調達する計画だった。しかし、南知多町の予定地でオオタカの営巣が１９９８年７月に発見されたことが明らかになり、幡豆町では用地買収が難航した。万博開幕前の開港に間に合わせるためには両地区での開発、土砂調達が困難となった。オオタカの営巣が見つかったため、南知多からの調達は早い段階で事実上断念したが、愛知県が幡豆からの土砂採取事業の撤退を決めたのは、2001年1月になってからだった。この時には、空港用地造成のピークに供給が間に合わなくなっていた。

しかし、愛知県は幡豆地区開発からの撤退をその2年も前から実際には想定していた。愛知県による幡豆地区開発は県企業庁が幡豆町内の約150ヘクタールを開発し、土砂供給後の跡地に企業誘致を行い、地域振興に役立てるものだった。供給する土砂量は、空港に加え愛知県が担当する関連事業を含めた空港プロジェクト全体で5000万立方メートルを計画していた。また、空港会社は空港本体の埋め立てに必要な当初計画5600万立方メートルのうち、有料の山土で4400万立方メートル、残りを浚渫土でまかなう予定だった。山土は、南知多からの調達の事実上の断念後は幡豆から2600万立方メートルを確保する計画になっていた。

難航した幡豆の用地買収

愛知県企業庁は1998年末までに幡豆地区開発の地権者全員の同意を得ることを目標としていたが、達成できなかった。正月返上で交渉が行われたが、1999年年初の段階で地権者342人のうち、19人が交渉中だった。このうち16人が条件面で交渉を継続中、3人が開発そのものに同意していなかった。

地元の幡豆町は跡地開発への期待が高く、跡地の企業誘致も水面下で進められていた。町の長期計画で幡豆地区開発は基幹事業の位置付けだった。このため、幡豆町では1999年1月4日午前、仕事始め早々に町議会議員全員協議会を開催し、町議会議員全員が町職員とともに地権者と交渉に当たることを申し合わせた。同日午後には幡豆町町長、町議会議長と県幹部が協議をしている。

しかし、幡豆からの土砂調達が中止になった場合の準備も始める時期になっていた。空港会社は県や幡豆町の意向を重視し、幡豆からの供給を受け入れる方針だったが、中止になった場合のシミュレーションも始めていた。また、鈴木礼治愛知県知事は1月4日の年頭会見で幡豆からの土砂調達問題について、「地元も一生懸命なので、もう少し時間を延長してでも解決したい」と述べたが、別の県幹部は「いつまでも延ばすと万博開幕までの空港開港が間に合わなくなる。地権者が一部不同意の虫食い状態では開発ができない」と語っていた。幡豆地区からの土砂調達の正式断念は2001年1月だが、この時点で別のシナリオも動き出していた。

空港プロジェクトの土砂調達は利権がからむことであり、空港土砂の供給をめぐり県内各地から売り込みもあり、水面下の動きもあった。反社会勢力の動向を懸念し、「地下鉄の乗車時にプラットホームで最前列に立たないようにしている」と土砂調達の関係者のなかに話す人がいた。

また、愛知万博、中部国際空港ともオオタカの営巣発見により、計画が大きく変更された。当時はオオタカの生息数が減り、里山の自然破壊の象徴になり、営巣が見つかると事業継続が難しくなった。万博は主会場に予定していた瀬戸・海上地区で見つかり流れが変わり、空港では南知多町の土砂供給予定地で発見された。もし、この2カ所でオオタカの営巣が見つからなかったなら、万博、空港とも成り行きが変わっていただろう。その後、オオタカの個体数は増え、国は2017年8月、オオタカを「国内希少野生動植物種」から解除した。

南知多町で営巣の発見後、事業の責任者は「営巣の近くに犬を連れて散歩に行き、追い払いたい」と冗談を飛ばしていたが、実際にやり後で分かったら、空港プロジェクトそのものが中止に追い込まれる恐れがある。長年の取り組みが水の泡となり、ぐちも言いたくなった。

空港事業費を大幅削減

幡豆地区開発に地元の期待は大きかったが、開発中止は中部国際空港の事業費の削減につながった。南知多や幡豆から土砂調達が計画されたのは、空港プロジェクトの構想段階には各地で海面の埋め立て工事が盛んに行われており、独自に調達先を確保する必要があると考えられたからだ。そして、土砂採取後の跡地を地域振興に役立てる一石二鳥を狙っていた。

南知多でオオタカの営巣が見つかり、幡豆で用地買収の調整が長引いているうちに、全国で埋め立て工事が減っていった。民間が経営する既存の土砂搬出地から調達できるようになり、三重県南部を中心に既存の搬出地へ調達先を切り替えた。南知多、幡豆の新規開発地と比べ、調達価格が大幅に安い。これらの新規開発地は用地買収をするうえ、海岸までの運搬設備の設置などの投資も必要でどうしても割高となった。

2000 年 8 月 19 日の起工式のくわ入れ

また、空港会社の用地造成後の埋め立て土砂使用量は、計画の５６００万立方メートルから５２００万立方メートルへ減り、山土の購入量を削減することもできた。

中部国際空港の事業費は、当初計画の７６８０億円から開港時に５９５０億円へ１７００億円ほど削減できた。開港当時、民間手法で事業費が大幅に削減できたと大きく報道された。もちろん民間の工夫により削減できたのは事実である。

空港会社の民間出身者がノウハウを提供し、知恵を絞った。しかし、それだけではない。コスト削減を単純に区分できないが、項目別では調達土砂の変更が最大のコスト削減と筆者はみている。事業費7680億円には、幡豆町に加え、南知多町の新規開発の山土供給分も含まれている。両地区の開発中止は空港側の事業費でみると、削減効果が大きかった。加えて、この頃から低金利が定着し、有利子負債の金利負担が予想外に減った。事業費のうち6割が有利子負債であり、低金利のコスト削減効果は大きい。当初計画では、借入金の平均金利を4・7%に設定していた。また、需要動向予測を踏まえて、立体駐車場など一部施設の整備を開港後に先送りした事業費も削減分に含まれている。いずれにせよ、事業費を抑えたことで空港経営が軌道に乗りやすくなった。

万博と同じように、空港も込み入った経路をたどり開港できた。今後の課題として、2本目の滑走路整備がある。なお、筆者は1996年から2002年にかけて、愛知万博と中部国際空港の事業化の取材を担当した。この期間の内容は、筆者が現場で見聞きしたことが中心になっている。

6 尾張藩連携事業

——旧・尾張藩のつながりを現代に生かす

尾張藩は濃尾平野に加え、木曽川上流の木曽、裏木曽の森林地帯を藩領としていた。ここのヒノキは尾張藩の貴重な財源であり、盗伐した者を死罪にするなど厳重に管理をしていた。木曽川上流と下流の歴史的な結びつきは強い。尾張藩連携事業は旧・尾張藩のつながりを現代に生かし、県境を越えて広域連携を図る取り組みである。

尾張藩を支えた木曽川上流域

古風で美しい名古屋弁を聞くことができる村がある。名古屋から遠く離れた中津川市加子母で、付知、川上とともに、平成の市町村合併で中津川市に編入された。加子母、付知、川上の旧3町村は信州側の「本（もと）木曽」に対し、「濃州三ヶ村」や「裏木曽三ヶ村」と呼ばれてきた。

木曽（本木曽）、裏木曽（濃州三カ村）は日本有数の森林地帯である。ヒノキをはじめ良質な木材を産出し、豊臣秀吉、徳川家康ら天下人は自らの経済基盤にした。その後、家康はこれらの地域を尾張藩領に組み入れたため、名古屋から離れた地できれいな名古屋弁が受け継がれてきた。濃州三カ村のなかでも、加子母は江戸時代以降、他の地域から入った住民が少ないこともあり、古い名古屋弁が話されている。

尾張藩藩主初代の徳川義直は家康の九男であり、1607（慶長12）年に甲斐藩主から移封された。前任の家康四男の兄、松平忠吉が28歳で亡くなったことに伴うもので、当初は兄から弟への相続という認識だったが、義直の後継者は尾張藩の藩祖と位置付けるようになる。家康は関ケ原の戦い後に生まれた九男・義直を尾張、十男・頼宣を紀州、十一男・頼房を水戸と戦略上の要に置き、なかでも尾張藩の財政を強固にするため、義直襲封後に尾張藩の領地を加えていく。木曽、裏木曽は1615（元和元）年に加えられた。木曽、裏木曽に加え、木曽川、長良川、揖斐川の木曽三川流域の経済的、軍事的に重要な地域、さらに三河国内、近江国内、摂津国内にも領地があった。

尾張藩は穀倉地帯の濃尾平野で、新田開発を盛んに行っている。さらに、木曽、裏木曽の森林資源が尾張藩に組み入れられたことにより、藩の財政基盤は一層強固になった。それでも尾張藩の財政は次第に厳しくなっていくが、これほど財政基盤に恵まれた藩は珍しい。尾張藩の公式な石高（表高）は61万9500石だが、実高は大幅に上回る。1645（正保2）年に「四ツ概（ならし）」と呼ばれる村高の再計算が行われた。過去10年間の平均年貢高を村高の10分の4と仮定し逆算したところ、概高は87万3300石にのぼった。江戸中期以降には100万石程度はあったであろう。

江戸時代を通じて、名古屋と木曽川上流域は深くつながっていたが、尾張藩連携事業として現代によみがえり、地域振興の枠組みとなった。尾張藩連携事業は、名古屋城のあった名古屋市と木曽川上流域の市町村など関係自治体や団体が、歴史的なつながりを生かし広域で地域振興に取り組む。

木一本、首一つ

木曽、裏木曽の森林資源は尾張藩の重要な財源だった。材木商を通じての販売収入に加え、幕府などへの寄進、藩邸などの用材、家中への払い下げなど、広く利用され藩の宝物だった。ヒノキは現代でも高級木材の代名詞だが、木曽、裏木曽には木曽五木（ヒノキ、サワラ、アスナロ、ネズコ、コウヤマキ）など多様な樹木がある。なかでも、加子母をはじめ濃州三カ村では大木が守られ、商品価値の高い森林資源を誇っていた。

尾張藩は森林資源の保全に力を注いだ。木曽五木を御停止木（ごちょうじぼく）として伐採を禁止し、「木一本、首一つ」と言われるように、厳格な管理をした。木曽の森林資源は寛永年間（1624〜44）には早くも枯渇が目立つようになり、盗伐や木曽川の流木を盗んだ者を極刑にした。7代藩主・徳川宗春の治世下になり追放刑などに軽減されたが、厳しい管理は幕末まで続いた。

こうした歴史背景もあり、現代にまで森林資源を大切にする文化が根付いている。木曽川上流域がいかに森林資源を守ってきたかを物語ることがある。東濃地方は地歌舞伎が盛んだが、濃州三カ村の加子母には明治座（かしも明治座）という劇場がある。明治座には、ヒノキをはじめ木曽五木が一本も使われていない。

明治座は1894（明治27）年に旧・加子母村の五つの集落が協力して建てた。地歌舞伎、旅役者の芝居、浄瑠璃などさまざまな演劇が上演されてきた。2階建て、600人収容の堂々たる木造建築で、回り舞台、花道などを備え大歌舞伎の劇場とそん色がない。中村勘三郎ら中村一門の大歌舞伎も近年は上演されている。

木曽五木を一本も使わない明治座

明治座は二つの点で裏木曽の濃州三カ村を象徴している。壮麗な劇場を築き上げた村民の経済力。もう一つは、建材としてスギ、モミ、松などの材木が使われ、ヒノキなど木曽五木は一本もない。明治に入り尾張藩が解体しても、木曽五木を村民が自らのために使うことはなく大切にした。

木曽、濃州三カ村は森林資源を守り、数世代をかけて一本一本の木を育ててきた。江戸時代から根付く森林文化により、日本有数の森林が守られ、貴重な地域の資源となった。林業は昭和40年代、50年代には活気があったが、木材価格が低迷し厳しい状況が続いており、新たな木材の需要づくりに取り組んでいる。そして、21世紀になると、豊かな森林資源は林業に加えて、観光として注目されるようになった。

幕府、裏木曽のヒノキを伐り出す

名古屋の尾張藩家臣団も木曽川上流域の森林資源に特別な思いを抱いていた。藩祖・義直以来、守り通した年月の積み重ねがあり、尾張藩藩士や領民にとって木曽山は神聖な響きを持つようになっていた。

尾張藩が大切にする濃州三カ村の森林に幕府役人が踏み入り、尾張藩家臣団の怒りを招く出来事が１８３８（天保９）年3月10日の火災をきっかけに起きた。同日未明に江戸城西之丸の台所から出た火は瞬く間に広がり、西之丸の一部を残して焼き尽くした。西之丸は幕政の実権を握る前将軍・家斉が居所としており、幕閣は再建を急ぎ、御三家には課さない慣例を踏まえず普請役の負担を尾張藩にも要請した。

江戸城西之丸が炎上した時の尾張藩藩主は11代徳川斉温（なりはる）。尾張藩藩主は藩祖義直以来の血統が名君と言われた9代宗睦（むねちか）で途絶え、10代斉朝（なりとも）は将軍家斉の弟・一橋治国の長男、斉温は家斉の十九男であり、幕府の押し付け藩主に尾張藩家臣団は複雑な感情を抱いていた。斉温は9歳で藩主を襲封し21歳で亡くなったが、江戸藩邸に居続けて尾張の地を一度も踏んだことがない。

濃州三カ村の加子母（「乳子の池」から）

斉温と藩上層部は要請を受け入れたが、財政悪化の折、幕府と調整しヒノキの良材で上納することを申し入れた。調達では熱田白鳥の貯木場から選木するとともに、良材が温存されている濃州三カ村の加子母の御囲山・出之小路（いでのこうじ）から立木を伐り出すことになった。しかし、白鳥木場に幕府役人を立ち入らせること、厳しく管理してきた御囲山の出之小路の立木を伐採すること、領民に多大な負担をかけることは尾張藩家臣団の受け入れがたいものだった。入国経験のない斉温はこのあたりに思い至らなかった。

木曽川上流域でも良質のヒノキの枯渇が進んでいたが、加子母の出之小路にはヒノキの大木が残されていた。幕府勘定吟味役の川路聖謨（としあきら、１８０１〜68）ら幕府役人は自ら現地を巡検し、出之小路から伐採している。

50人ほどの川路一行は江戸からまず熱田に寄り、白鳥木場の選木作業を督促。白鳥には良材が少なく、予定通り出之小路に良材を求める必要があることを確認し、天保9年5月5日に濃州三カ村の付知に到着し、ここから出之小路へ入り伐採作業を監督して回った。その後、本木曽側にも視察に出かけ、大木が枯渇していることを自ら把握し、再び出之小路に戻っている。木曽方面の視察では、妻籠から東へ蘭村広瀬に足を延ばすなど、ヒノキの山林をつぶさに見て回った。

出之小路には巨樹と呼ばれるヒノキの大木が６００本ほど残っていたが、このうち２９９本が伐り出された。この中には、地元の領民が「かなてこ」と呼び御神木としてきた樹齢千年以上のヒノキの大木まであった。「かなてこ」が伐り出され、村民は震え上がった。

ヒノキを伐り出すと、怪現象が起こる

出之小路からの伐採のため、１０００人を超えるベースキャンプが設けられ、あんま、髪結

い、物売りも名古屋から集まり、山奥が一つの街のようになった。藩から派遣された川路聖謨一行の同行医師が、蘭学を学び腕の確かな野村立栄と伊藤圭介である。伊藤圭介はシーボルトから学び、幕末から明治期にかけて本草学者、植物学者、医学者などとして幅広く活躍した。

伐採と運搬作業などに濃州三カ村の村民がかり出されたが、尾張藩も伐り出しで大赤字を抱えており、労務費のうち半分強の952両が尾張藩から支払われなかった。この頃、天保の飢饉が起こっている。濃州三カ村の生活も楽ではなかったはずだ。夫役に従事させられ、賃金は踏み倒され、生活が困窮したことだろう。御神木「かなてこ」まで伐り出されている。

護山神社（中津川市付知町）

出之小路から伐り出された木は合わせて1万4000本、熱田白鳥からも1万本が江戸へ運ばれた。尾張藩でさえ手を付けずに守ってきた御囲山に幕府役人が踏み入り、ヒノキの大木を選び伐採したことに尾張藩家臣団は激しく反発した。さらに、搬出費用が思いのほかかさみ、藩財政は一層苦しくなった。

斉温の死去後、12代藩主・斉荘（なりたか）も幕府からの押し付け藩主であり、藩主相続への反発も加わり、幕末に倒幕へ傾く尾張藩の雰囲気ができていった。

ここでの川路の役回りはよくないが、幕末動乱期に活躍した名官僚である。木材の伐採、搬出に動員され、濃州三カ村は疲弊したが、川路の地元での評判は悪くない。「川路は礼儀正しく、接待を固辞した」との人物像が現在に伝わっている。所在は分からないが、川路は自費で碑を建てたという。

幕府は尾張藩内の不穏な情勢を事前につかんでいた。並の役人では務まらない。川路は能吏で誠実な人柄であり、難しい役に選ばれたのだろう。後年、開国を求めるロシアとの交渉などで活躍する。文才もあり、司馬遼太郎は彼の作品について「江戸文学の一つの代表作といいたいほど文学的価値が高い」（「この国のかたち二」）と記している。江戸開城を迎え、割腹のうえピストルで自裁した。

御囲山を伐採すると、藩主斉温、伐採にかかわった江戸在勤の付家老の成瀬正寿らが相次いで急死した。

加子母では山鳴りなどの怪現象が続き、山の祟りと大騒ぎになる。そこで、尾張藩は護山（もりやま）神社を建立し、地元民の気持ちをなだめた。護山神社は付知、奥社が加子母にある。奥社は、御神木「かなてこ」があった場所にある。

歴史のつながりを現代に生かす

尾張藩は木曽川流域の重要な地域を組み込んでいた。旧尾張藩領があり連携事業に参加する自治体は、名古屋市に加え11市町村（犬山市、岐阜県中津川市、下呂市、郡上市、長野県南木曽町、大桑村、上松町、王滝村、木曽町、木祖村、塩尻市）にのぼる。木曽川上流域の尾張藩領は豊富な森林資源を擁し、穀倉地帯の濃尾平野とともに尾張藩の基盤となっていた。なお、これらの市町村の全域が尾張藩領ということではない。中津川市の場合は、加子母、付知、川上の濃州三カ村が尾張藩領であり、あとは苗木藩領、岩村藩領、幕領だった。

こうした歴史的なつながりを背景に、現代の尾張藩領民たちが観光事業などに広域で取り組む。尾張藩連携事業を推進する尾張藩連携事業推進協議会は2020年2月3日に発足し、名古屋市と11市町村、名古屋観光コンベンションビューロー、名古屋高速道路公社など関係団体、JR東海、名鉄など企業で組織する。事務局は名古屋市観光文化交流局内に置く。

歴史的なつながりに加え、近年は木曽川下流と上流の住民の交流が盛んになっている。歴史の

2020年2月に名古屋城本丸御殿で行われた尾張藩連携事業推進協議会の結団式

遺産を現代によみがえらせる機運は醸成されていた。

尾張藩連携事業は観光事業を中心に取り組む。名古屋市の松雄俊憲観光文化交流局長は、「観光コースとして昇龍道があるが、尾張藩のつながりを生かし、歴史に裏付けされ深みのある新しいルートをつくる」と語る。また、名古屋観光コンベンションビューローの杉﨑正美理事長は「連携事業は愛知、岐阜、長野の3県にまたがっており、県レベルでなく、名古屋市が関わることで調整がしやすくなる」と、連携地域全域の振興を図っていく。この地方を訪れた観光客は馬籠、妻籠から先へ足を延ばさない人が多い。国内に加え、外国人観光客の誘致を展開する。昇龍道は東海地方から北陸へ、南から北へ抜けるルート。これに対し、尾張藩の領地のあった木曽、裏木曽地方をゆったりと周遊してもらう滞在型の観光を推進する。

上流域、広域連携へ強い期待

木曽川上流域の市町村は、旧尾張藩の広域連携を地域振興に積極的に生かしていく。

中津川市は美濃と信州の境にあり、歴史的に東濃や木曽の交通の結節点だった。青山節児中津川市長は「一つのエリアだけの観光振興は行き詰まる。広域的に取り組んでこそ、結節点である中津川の魅力も引き上げられる。尾張藩という歴史的な背景を生かしていく」と語る。中津川には付知峡、苗木城という人気観光地がある。さらに、濃州三カ村に代表される森林文化を貴重な観光資源と捉えている。

産業界も尾張藩連携に熱い視線を注いでいる。「名古屋市との連携効果は大きい」（中津川産業界幹部）と、特に名古屋市との連携に期待する。また、観光名所を忙しく見て回る観光から、欧州観光客を中心に滞在型の観光が増える傾向がある。これに対し、「尾張徳川家の蔵入地である森林地帯が観光資源として利用できる」と、森林文化と広域的な取り組みで滞在型ニーズに応えていく。

さらに、リニア中央新幹線の駅が中津川市内に開設され、結節性が強化される。尾張藩連携に加わった市町村が手を組み、リニア中央新幹線経由の誘客の導線をつくれば、この地方への観光の流れが勢いづく。

木曽川上流域は日本有数の豊かな森林地帯だが、なかでも濃州三カ村には樹齢の長い大木が温存されている。三カ村のうち加子母のヒノキは、伊勢神宮の御用材や名古屋城本丸御殿の再建、姫路城の修復などの日本を代表する木造建築に使われてきた。

加子母では木を伐り出す時に、一区域をすべて伐採する皆伐をしない。一本ずつ間伐し、残りの木を大木に育てていく。このため、森林の美しい景観が損なわれることはなく、林業と観光が両立できる。尾張藩が藩祖・徳川義直以来守ってきた森林資源が21世紀になり、新しい価値を生み地域の役に立つことになった。

木材価格の低迷が続く

豊かな森林と森林文化は観光資源として注目されるようになった。とは言っても、森林を支える林業の経営環境は厳しい。加子母のヒノキは樹齢70年以上で色、香りなどヒノキの本来の良さが出てくる。「100年以上で〝一人前〟」（安江恒明加子母森林組合参事）という。60年までは

〝若木〟と呼ばれる。ヒノキを3世代、4世代かけて育ててきた。

しかし、木材価格の低迷が長年続き、先の見通しが立てにくくなった。岐阜県の資料によると、ヒノキの木材単価のピークは1980年頃でそこから下落をはじめ、平成に入った頃に一度持ち直すものの、再び下落傾向になり現在に至っている。数世代をかけて育てたヒノキを出荷しても採算が取れない。40年、50年の〝若木〟では、伐採のコストが利益を上回り赤字になることさえある。80年、90年でようやく黒字が出る。良い木を育てるには、数世代の手間がかかるが、ビジネスとしては割が合わなくなった。

加子母森林組合の木材市場

現在の木造の住宅工法は柱を壁の中に隠したり、木の良さを見せる設計があまりない。壁の中に隠すのなら、良質の木である必要がない。このため、節のないきれいな木ほど売りにくい。また、全国各地の戦後の植林が一斉に樹齢60年を超え始め、需要が低迷しているのに潜在的な供給力が高まった。なかでも加子母のような高級木材の産地ほど経営環境が厳しい。

こうした逆境に対し、良質な木材の良さを知ってもらおうと、さまざまな試みを始めている。加子母の林業は加子母森林組合が中核となり間伐などの作業を請け負っている。さらに、「良い木は良いところに使われてこそ価値が出る」（細川正孝組合長）と、同組合は直営加工所の経営、直販ショールーム「モクモクセンター」の開設、木材市場の運営、キャンプ場経営など自ら需要喚起に取り組んでいる。直営加工所は、注文に応じて何でも加工する。保育園用のロッカーや机、キッチンセット、子供の遊具などを作り、プラスチックや金属にはない木ならではの魅力を引き出している。

人が動き出す

林業者だけでなく、林業振興が地域全体の課題になっている。「川上の森林地帯が保水能力を維持し川下を支えている。尾張藩連携事業により川下に川上を理解してもらい、森林文化の観光資源を生かすだけでなく、林業が業として成り立つようにしていきたい」（中津川産業界幹部）という。

中津川市も地元のヒノキを知ってもらうため、さまざまな試みをしている。高額寄付者などの感謝状や協定書は紙ではなく、ヒノキで制作する。市の施設の新築では目立つところにヒノキを使う。

豊かな森林と森林文化は観光資源として価値を持つようになったが、林業経営は厳しい。尾張藩連携事業により、良質木材の需要開拓につながることも期待している。

こうしたなか、個人、民間が活発に動いている。

加子母森林組合の「モクモクセンター」は広さが約700平方メートル。自然光がたっぷりと店内に注ぎ、山の新鮮な空気が流れる。プレートや弁当箱、はしなどに加え、机や椅子など多彩な木製品が展示されている。ここの運営を担当する安江愛子さんは名古屋のテレビ局で働いたあと、加子母にUターンし加子母森林組合の職員になった。「名古屋に住み働いてみて、加子母では常識の森林の美しさや川の流れ、夜空に輝く天の川が都会では手に入れられないことが分かった。ヒノキをはじめ加子母の良さを伝えていく」と話す。同組合直売の加工品は良質の木材を使っているが、意外とお値打ちだ。

また、大木が温存される濃州三カ村の森林管理を担ったのが「三浦・三ヶ村御山守」である。加子母の内木家が代々受け継ぎ、江戸幕府が解体し廃藩置県後の明治5年に15代当主が罷免されたが、「山守」の家系は続き現代においても当主が森林文化を象徴する存在になっている。内木家当主は17代が明治末から大正にかけての頃に東京へ移った。その後、19代まで3代続けて東京の人であった。内木家の屋敷には住む人がいなくなり、加子母の村人は何かが欠けたような気持ちになっていた。

山守当主、東京から3代ぶりに戻る

内木家は加子母村の庄屋を代々務めていたが、10代当主・彦七が1730（享保15）年に「三浦・三ヶ村御山守」に任命され、以来、15代目まで山守として三カ村（美濃国恵那郡加子母村、付知村、川上村。現・中津川市）の森林管理を一手に引き受けることになった。「三浦・三ヶ村御山守」は、三カ村の森林管理に加え、信濃、飛騨、美濃の三国の国境に当たる三浦山（信濃国筑摩郡王滝村、現・長野県木曽郡王滝村）の管理も重要な任務だった。三浦山では、飛騨から越境して盗伐（ぬすみぎり）する「切越（きりこし）」が問題になっていた。

代々の当主は彦七か彦七郎を通称として名乗る。現在に至るまで、裏木曽の濃州三カ村や木曽川上流域の森林文化を象徴する存在になっている。内木家は17代が東京に移って以来、加子母を留守にしていた。

「山守」20代・内木哲朗さんは1958年7月生まれ。東京に育ち、東京の大学を卒業した。東京農業大学林学科に学んだが、入学時にはとりわけ目的意識があったわけではないという。しかし、内木青年は、東京での生活に疑問を持ち、1982年に大学を卒業するとともに、父祖の地である加子母に舞い戻った。「お殿様が戻ってきてくれた」と、青年の思い切った行動を村中が喜んだ。以来、加子母村役場に勤め、青年団や消防団など村の活動に加わり、加子母の人たちと生きてきた。

加子母に来た翌年か翌々年、内木家を訪ねてきた郷土史家で本草学にも詳しい研究者がいた。加子母は薬草の採取地としても知られていた。内木家の蔵に眠る古文書の閲覧が目的で、当時の内木さんは家に伝わる古文書に関心がなく協力を一度は断った。結局、その人の熱意にほだされて蔵の中で文書をいっしょに探すようになった。「これが始まり」と、内木家や加子母の歴史の奥深さを知るようになっていく。

内木哲朗さん

その後、徳川林政史研究所をはじめとする研究機関が分析を進め、内木家文書は約4万点にのぼることが分かった。山守の職務、山守就任前の加子母村庄屋の文書などからなり、森林管理・経営や山村社会を解明する貴重な史料と位置付けられている。古文書のデジタル化の作業も行っており、研究者が内木家文書を利用しやすくする。20代目が東京から戻ったことにより、加子母の人たちの励みとなっただけでなく、内木家の遺産が現代によみがえり、未来にも生かされようとしている。内木家の屋敷は「山守資料館」として森林文化を伝え、20代目はその館長として森林文化を守る役割を担っている。

豊國神社、加子母のヒノキで拝殿を建て替え

尾張藩連携事業により、関係自治体、団体が共同歩調を取るようになったが、民間の取り組みは先を進んでいる。上流に続き、下流の名古屋の動きをみる。

名古屋市中村区は豊臣秀吉の生地として知られる。豊國神社（名古屋市中村区中村町木下屋敷、中村公園内）は秀吉をまつり、名古屋市民に親しまれてきた。市民に加え国内外の観光客も訪れる。

豊國神社は尾張藩連携事業が立ち上がる前から、加子母と交流をしてきた。同神社の奉賛会が2016年から半年ごとに加子母を訪れ、村民と懇親会をもち、宿泊している。一度に加子母を

訪れる奉賛会のメンバーは数人から20人。懇親会の目的があるわけではない。加子母側からほぼ同人数が参加することになっており、酒を酌み交わしているうちに、奉賛会会員である名古屋市民と村民の絆が強まった。

同神社は2020年に拝殿の建て替えを行い、加子母の山林からヒノキ125本分を伐り出した。良質のヒノキ産地として知られる加子母でも選りすぐりの良材を使い、なかには樹齢数百年の大木もある。棟木は長さ9メートルのヒノキの製材。通常は4・5メートルの製材を継ぎ手で組み合わせるが、「人と人とのつながり、人と神様をつなぎとめるため、一本の木にした」（近藤一夫宮司）。さらに、末広がりと名古屋の市章「まるはち」にちなみ、柱はすべて八角形になっており、前例のない建て方をした。間接照明を設け、若い人に受け入れられやすい工夫もしてある。

加子母のヒノキでつくり上げた豊國神社の拝殿

拝殿は間口11メートル、奥行き15メートル。ヒノキは加子母森林組合が供出し、加子母の辰喜建築工芸が建築を請け負った。近藤宮司は「チーム加子母で将来へつながり、300年後まで残る拝殿をつくり上げてもらった」と話す。こうした建て替えが可能になったのも、豊國神社と加子母との交流があったからだ。

加子母と豊國神社の交流、双方にメリット

豊國神社が加子母との交流を進めるのは、歴史的なつながりがあるからだ。近藤一夫宮司は「太閤秀吉が加子母を蔵入地として大切にしていた。加子母を訪れてみると、太閤秀吉、中村、名古屋に今でも強い愛着を持っていることがひしひしと伝わってくる」と語る。

豊國神社と加子母の交流は草の根から始まったが、双方に実質的なメリットもある。加子母のヒノキは伊勢神宮の御用材に使われる。豊國神社が同じ加子母のヒノキで拝殿を建てたことにより、同神社の社格が上がることが期待できる。一方、加子母はブランド力、知名度の向上を図ることができる。豊國神社の参拝者は年間100万人。拝殿近くに「拝殿に用いたヒノキは、神宮(伊勢神宮)の御用材をも産出する岐阜県中津川市加子母の山から伐り出しました」と説明を掲示している。PR効果は大きい。拝殿前の鳥居も建て直したが、もちろん鳥居の用材も加子母の

ヒノキである。

豊國神社は拝殿の建て替えに加え、境内の整備を進めてきた。灯籠も加子母のヒノキでつくり直した。6基から22基に増やすとともに、新設した灯籠はＬＥＤで夜間照明をしている。灯籠のともしびは毎夜、神秘的な異空間をつくり出している。

夜になると、灯籠のＬＥＤ照明が灯る（豊國神社）

加子母森林組合はヒノキの高級木材市場の開拓に力を入れている。「良い木を出してもらっても、合板になると、安い値段にしかならない。そうなると、山づくりがうまく循環できずに荒れていく。良い木が良いところに使われてこそ、将来へつながっていく」（細川正孝組合長）という。豊國神社の拝殿や鳥居などは、加子母の良質ヒノキを使うのにふさわしい建築である。加子母から名古屋へのヒノキ製材の輸送費用は東京方面に比べて安く、名古屋では良質のヒノキを手頃な価格で販売できる。このため、同組合は名古屋での需要拡大に期待している。

豊國神社を中心とする中村公園は戦前に名古屋を代表する人気観光地であった。名古屋駅前の明治橋から神社前まで路面電車が運行していたが、戦後になり廃止された。加子母との交流を足掛かりに、かつてのような賑わいを取り戻そうとしている。

広がる交流

上流の森林の恩恵を名古屋が受けているのは、江戸時代だけではない。「先進ものづくり」で記したように、木材集散地の名古屋は木材や木工職人を確保しやすいことから、明治になり時計や鉄道車両などの製造業が花開いた。そして、これらの産業で製造業の基盤ができ、自動車産業につながっていく。今日の自動車産業の興隆をたどれば、木曽、裏木曽の森林にいきつく。

また、名古屋市民の水道水は木曽川から取水しており、上流の森林が生活を支えている。このため、上流の植林に関心を持つ名古屋市民が少なくない。尾張藩連携事業は、こうした市民レベルの連携も包み込みながら、旧尾張藩のつながりを強めていく。

名古屋市民による植林活動は「平成の名古屋市民の森づくり」として２００８年度から本格的に行われるようになった。名古屋城の本丸御殿の再建計画を機に、名古屋市などが呼びかけて、本丸御殿で使ったヒノキを伐り出した跡地で市民の手で植林を行った。

市民が植林したのは中津川市加子母の市有林8・8ヘクタールと長野県木曽町の町有林6・3ヘクタール。募集に応じた市民が参加費を支払い、それぞれで毎年100～200人の市民がヒノキの苗木を植えてきた。2018年度までに延べ1万1390本を植林して2カ所の植林を終えた。

濃州三カ村の「山守」の家系である内木哲朗さんは、林業の将来に強い危機感を持っている。これから予想できない展開になるという。日本の林業は昭和30年代から山を畑のように使い、広い面積をチェーンソーで全面伐採し植林をするようになった。植林する苗は、直根を切り人口的に成長を早める苗が中心となり、育ちは早いが、根が山の表土に広がるだけで、山崩れが起きやすくなる。最近、山崩れが多くなった原因の一つである。天然更新や天然木に近い苗は年輪が密につまるが、成長が遅い。

昭和30年代の植林から60年が経過した。日本各地の山林で伐り出し、建材として商品化する時期を迎えている。しかし、伐り出しても残る利益はわずか。高齢化も進む。内木さんは「林業は極めて厳しい。それだけに、次の時代の林業はヒノキの天然更新や天然に近い苗を植林する江戸時代の技術をよみがえらせて、数百年先を考えた林業を築きたい」と話す。これが可能になるかどうかも、下流域の都市の住民の理解にかかっている。尾張藩の歴史遺産を現代によみがえらせる尾張藩連携事業への期待は大きい。

7 尾張VS三河

――地域性の違いは弥生時代から

愛知県は尾張と三河からなる。しかし、尾張と三河が同じ行政区域になったのは明治の廃藩置県後で、それ以前は一度もない。地域性が異なるのは弥生時代以来のことであり、今後も違いがなくなることはないだろう。

弥生文化の受け入れに差

尾張と三河。同じ愛知県にあって地域性が異なる。尾張は名古屋の一極集中型、三河は中規模都市の多極分散型と地域構造が異なる。名古屋弁で有名な尾張の方言は三河では話されない。歴史の幕あけの段階から尾張と三河は対照的な地域だった。

稲作を特徴とする弥生文化は北九州から広がり、尾張にはざっと紀元前500年頃に到達したとみられる。さらに、近い時期に東三河までいったん伝わったが、その後の受け入れ方は尾張と三河では異なった。尾張は縄文的要素を一部残しながらも弥生文化が面的に継続して広がっていった。一方、三河での浸透はまだらであり、縄文色の濃い生活を続けた。文化の伝わり方は明確に線引きできるものではなく、漸次的に移行していくが、大きくみれば尾張と三河はこの時期に地域のまとまりとして地域性の違いが現れた。

稲作は土木工事や農作業の計画をたてて、集団で取り組む。現代につながる緻密な管理を重視した社会である。労働生産性に優れるが、組織への帰属がより求められる。

三河はなだらかな山地、波静かな内海がある。自然の恵みがあり、豊かな縄文文化が根付いていた。三河の人たちは、「今のままでやっていける」と、新文化に魅力を感じなかったようだ。尾張と三河は長い間、弥生文化と縄文文化が色濃く残る社会に分かれていたが、物資の交換などの交流はあり、異なる社会が仲良く隣同士で共存していた。

前方後方墳、東海の独自性を主張

尾張が稲作をいち早く取り入れたのに対し、三河は海の幸、山の幸を大切にする生活スタイルを守り続けた。普段使う土器など多くの違いがあった。今後の発見が見込まれることもあり、年代を示すのは難しいが、その後、三河でも数百年ほど遅れて弥生文化が次第に浸透していく。

弥生時代に続き、古墳時代が始まると、東海地方は前方後方墳という古墳の形を生み出し、東海地方として独自性を打ち出した。犬山市の東之宮古墳、春日井市の高御堂古墳、安城市の二子古墳、豊橋市の市杵嶋神社古墳など、尾張、三河、美濃で盛んに築造された。前方後方墳は近畿地方や出雲地方などにもあるが、東海地方で目立つ。

弥生時代に現れたお墓の形を引き継ぎ、前方部も後方部も箱形の形が特色。近畿地方に多い前方後円墳は、前方部は箱形、後円部が丸形である。大阪府堺市の大山古墳（仁徳天皇陵）など、

安城市の二子古墳

近畿地方の巨大古墳は前方後円墳である。

前方後方墳の築造は近畿地方とは別の文化圏が弥生時代の終わりまでに形成され、古墳時代に引き継がれたことを示している。東海地方は近畿地方に劣らない富を蓄え、文化や情報を主体的に発信していた。

このため、尾張を中心とした東海地方は「邪馬台国論争」にも登場する。邪馬台国と争ったとされる狗奴国が伊勢湾岸部、濃尾平野にあり、その象徴が前方後方墳とする見解（赤塚次郎「幻の王国・狗奴国を旅する」）がある。東海＝狗奴国説は、邪馬台国の所在地が北九州説ではなく近畿説が前提となっている。現在の考古学の成果では、狗奴国が東海地方にあったのかどうか分からないが、東海地方の考古学ファンはこのロマンが好きな人が多い。

しかし、前方後方墳が盛んに造られたのは古墳時代が始まって最初の50年～１００年ほど。その後姿を消していく。代わりに、尾張の古墳は大和様式ともいえる前方後円墳が主流になる。東海地方の勢力は近畿地方の中央政権と結びつき、大和の様式を取り入れたのだろう。

広がる東海文化

尾張と三河は共通性を示しながらも、折に触れ違いを打ち出す。古墳時代が始まった頃、尾張と三河は前方後方墳という共通のアイデンティティーを持ったが、そのまま歩調を合わせていた訳ではない。

その後、両地区とも前方後円墳が主流となるが、西三河地区は早い時期に前方後円墳が衰退していく。また、西三河は北九州で始まった先端文化である横穴式石室を素早く導入した。横穴式石室は築造後も石室に出入りが可能であり、追葬ができた。東海地方で最も早い時期に横穴式石室を導入したのは、西尾市の中之郷古墳、岡崎市の経ケ峰第一号墳などとされ、5世紀中頃・後半のことであった。縄文から弥生文化への移行は遅かったが、今度の新文化の受け入れは三河が早かった。

東海地方は文化的に独自性を打ち出してきたが、前方後方墳と並び、象徴的な存在がS字状口縁台付甕（えすじじょうこうえんだいつきがめ）などの土器である。前方後方墳はS字甕など東海文化とともに主に東や北に向けて広がっていき、関東地方などで多く築造された。

考古学者の森浩一氏は「東海地方の人々の動きは土器によって示されているが、遠くへ行こう、遠くへ行こうという傾向をもっている」（「東海学の創造をめざして」）と、述べている。東海発の文化は大きな影響力を持っていたようだ。

東海地方と東日本の結びつきは、その後の時代にも受け継がれる。例えば、室町幕府の成立に大きな役割を果たしたのは三河勢だった。足利氏は歴代当主が鎌倉時代の三河守護となり、一族や被官が三河で力を蓄えていた。吉良氏、一色氏、細川氏など室町幕府の中枢は三河出身者が多く占めていた。

徳川家康は三河から江戸へ移り幕府を開いた。東海地方は古代から東方とのつながりがある。自ら望んだ選択ではないとしても、家康をはじめ三河武士たちは東国を身近に感じており、現代の私たちが考えるほど抵抗感がなかったと推測する。

東海地方の豆味噌文化

尾張と三河の食文化は共通点が多いが、違いもある。

地元の食品スーパーに話を聞くと、愛知県は尾張、三河とも豚肉がよく売れるが、関西の売れ筋は牛肉である。関西で人気の薄口醤油は両地区とも売れない。ソースの売れ筋も関西とは違う。

食に対する共通の好みがある半面、尾張と三河には違いもある。例えば、三河では白醤油やみりんがよく売れるが、尾張ではそれほどでもない。三河の中でも、西三河と東三河では異なる。例えば干物では、西三河ではアジなど淡泊なものが多いが、東三河は味の濃い魚が売れ筋という。

違いもあるが、ほぼ同じ食文化である。なかでも、大豆のみを原料とする豆味噌は三河、尾張など東海の食文化の象徴的な存在だ。この地方の住民は豆味噌が好きだが、関東や関西の食品スーパーは豆味噌を店頭にあまり置かない。進学や就職で東海地方から他地方へ移り住むと豆味噌が恋しくなり、故郷から送ってもらう人がいる。米味噌や麦味噌は全国各地でつくられるが、豆味噌の生産者は東海地方が中心である。

東海の豆味噌文化について、発酵学者・小泉武夫氏の報告（「第1回東海学シンポジウム」「醤油・味噌・酢はすごい」）がある。それによると、豆味噌の製造技法は朝鮮半島からの渡来人が東海地方にもたらした。豆味噌の仕込みには、「味噌玉」という特殊な麹（こうじ）を使うが、この製法が朝鮮半島の味噌「テンジャン」などと共通しているという。

また、小泉氏によると渡来人による伝来のルートは、若狭湾から近江に入り、美濃を通り、一部は信州にも伝わりながら、三河に至ったという。味噌玉による豆味噌の製法は今もこのルート上に残っている。三河の豆味噌づくりは大いに発展し、岡崎では「八丁味噌」の名称で伝統技法を守ってきた。豆味噌製法の伝来説は食物史の研究者らの成果に基づくとするが、東海地方の成り立ちを考えるうえで興味深い話だ。

東海地方の範囲は、「豆味噌文化圏」とほぼ重なっている。また、「豆味噌文化圏」は古墳時代の前方後方墳などの分布とも重なるところがある。尾張と三河は地域性の違いが目立つように見えるが、生活の根幹である食の好みは似ている。

多極分散の三河

尾張と三河の地域構造は対照的である。尾張は大都市・名古屋を核にその郊外に市町が展開する。これに対し、三河は岡崎、西尾、豊橋など多極分散型である。

一極集中の尾張と多極分散の三河—。二つの地域は対照的な地域構造をもつが、この構図が顕著になったのは江戸時代の幕藩体制下であった。江戸時代の構図が現代までそのまま引き継がれ、尾張と三河の特徴となっている。今でも尾張は域内の文化がよく似ているが、三河はそれぞれの市町で違いを見出せる。

尾張は尾張徳川家が支配し、尾張全域をほぼ同じ基準で管理していた。300年近い江戸時代を通じて、尾張の均質性は強まっていった。これに対し、三河の支配関係は入り組んでいた。

田原城桜門（田原市）

徳川家康、三河武士の出身地でもあり、三河に縁のある大名、旗本や幕府の要職者の所領があった。他領の飛び地もあり、愛知県史によると、1837年の段階で三河に所領を持つ領主は100ほどにのぼる。大名家が15、旗本の知行地が82、尾張藩の重臣・渡辺半蔵家も所領を持ち、加えて、幕領が1万9000石ほどあった。三河の譜代大名の表高は吉田藩大河内松平家（豊橋市）が7万石、西尾藩大給松平家（西尾市）が6万石、岡崎藩本多家（岡崎市）が5万石、刈谷藩土井家（刈谷市）が2万3000石、田原藩三宅家（田原市）が1万2000石などであり、大大名はいない。同じ村を複数の領主が分け合う相給村も多い。

そのうえ、尾張が幕末まで尾張徳川家が支配し、同じ支配関係が長く続いたのに対し、三河では領主の入れ替えが頻繁にあった。８代将軍・徳川吉宗の政権下で大名の転封が減るまで度々行われたが、三河では特に多かった。三河で譜代大名の転封がなくなり、定着したのは18世紀後半である。領民の領主への信頼感、三河としての地域一体感は尾張と比べると、弱くなりがちだった。

「名古屋城のような観光の目玉がない」と、三河産業界の人からよく聞いた。そんなことはない。巨大な城郭はないが、三河各地に小ぶりだが魅力的な城郭跡がある。

三河の産業は自動車産業が中心ではあるが、各業種に意外と分散しており、それぞれ特色のある企業が活動している。また、三河は「信金王国」と言われ、三河各市に競争力の強い信用金庫が本店を構えている。長い年月で培われた遺伝子が多様性を維持している。

三河の村々を越えた連帯

尾張は尾張徳川家が支配し、名古屋という中心都市があったのに対し、三河は江戸時代を通じて全域をまとめる統治者がおらず複雑だった。このため、三河では自ずと自立の気風が高まっていった。

三河は分割統治されていたが、水利や治安などで領民は村を越えてつながるようになる。愛知県史によると、1820（文政3）年10月、幕府代官支配地の八郡21人の郡中惣代による自治に関する決定があった。具体的には、赤坂宿名主であった郡中惣代が亡くなり、後任の郡中惣代を合議で選出した。これに対し、尾張では郡中惣代らが一国単位でつながることはなかったとみられる。

尾張、三河とも江戸時代には民間の動きが活発になり、豪農層らが力を蓄え、地域社会を支えていく。また、三河は細分化されていたが、村々、地域を越えた交流があり、有能な人材が輩出されていった。

刈谷市中央図書館の「村上文庫」は全国の研究者に知られる。刈谷藩の藩医で国学者の村上忠順（ただまさ、1812～84）が収集した貴重な約2万5千冊からなる。

三河の藩医が集めた文献の閲覧に当時多くの人が彼のもとに集まったが、彼の蔵書で調べもののために現代の研究者も刈谷を訪れる。輪は現代にまで広がっている。

渥美郡羽田村（豊橋市）の羽田八幡宮文庫も貴重な文献を所蔵しており、所蔵史料から今でも新たな発見がある。この文庫は同神社の神職・羽田野敬雄（1798～1882）が中心となり開設した。

羽田野と交流した知識人の一人が設楽郡稲橋村（豊田市稲武町）の古橋源六郎暉皃（てるのり）である。問題意識を抱える人たちと活発に交わり、奥三河の地域振興に貢献した。三河の知識人ネットワークは魅力的である。

刈谷の「村上文庫」などを取り上げたのだから、尾張側から名古屋市鶴舞中央図書館の「河村文庫」を紹介する。尾張藩士であり国学者の河村秀根（ひでね、1723〜92）と次男の益根（ますね、1756〜1819）父子ら河村家の努力で収集し伝えてきた蔵書である。河村家の末裔に河村たかし名古屋市長がいる。第二次世界大戦の戦災で多くが失われたが、焼け残った約4000冊は貴重な史料として知られ、全国から閲覧に訪れている。

尾張で誕生した多くのベンチャー

日本経済は低成長から抜け出せない状況が続いている。その原因の一つに新規創業が少ないことが挙げられる。愛知県の開業率は全国平均を上回っているものの、過去のような勢いはない。しかし、尾張、三河とも明治期の企業勃興には目を見張るものがある。明治期を通して見ると、東京や大阪と比べても見劣りしない。いくつかに絞って紹介する。

明治期の名古屋には、魅力的な産業人が次々と登場した。その中から奥田正香（まさか）をまず取り上げたい。奥田は名古屋の渋沢栄一と言われ、数々の企業を創業した。自ら設立にかかわった日本車輌製造、名古屋電力、名古屋瓦斯などの経営に加わり、名古屋商業会議所会頭などの公職を歴任。１９１３（大正２）年に疑獄事件の責任を取り、すべての役職から身を引いたが、名古屋の産業創生への貢献は大きい。

奥田の経歴で珍しいのは、尾張藩士の家系であること。明治になり名古屋藩、安濃津県の官吏となったが、味噌醤油醸造で起業し、その後、尾張紡績の設立など近代産業の新規創業に乗り出していった。城山三郎は１９５５年に中部経済新聞で連載した「中京財界史」で、明治から大正期の名古屋財界を①尾張藩御用商人がルーツの土着派（伊藤次郎左衛門、岡谷惣助ら）②名古屋近郊がルーツの近在派（瀧定助、瀧兵右衛門ら）③明治以降の新興勢力の外様派―に分類しているが、奥田は外様派の中心人物である。

また、福沢桃介は電気、鉄鋼、化学など幅広い分野で事業を東海地方で行った。福沢は埼玉県出身で福沢諭吉の婿養子。大同特殊鋼などの設立にかかわり、東海地方の産業史に大きな足跡を残した。

明治期の名古屋産業界で特筆すべきことが、全国から名古屋にベンチャーが集まったこと。工作機械メーカーの大手、オークマの創業者である大隈栄一は佐賀県から名古屋へやって来て、1898（明治31）年に大隈麺機商会を立ち上げて製麺機の製造を始めた。その後、工作機械製造に乗り出し、世界有数の工作機械メーカーへ成長した。

名古屋は日本を代表する自転車製造の拠点だったが、主力メーカーの岡本兄弟合資会社の岡本松造は奈良県から来県した。

豊田佐吉は動力織機を開発し、まず名古屋を拠点に事業を展開した。佐吉は静岡県の出身である。

三河の新規創業も活発

名古屋で次々と新規ビジネスが明治期に生まれた理由は、要するにチャンスに恵まれた地域であったということ。情報、人材が集まり、産業インフラも整っていた。港湾、鉄道の整備が進み、貿易や全国への輸送も有利だった。名古屋港は1907（明治40）年に開港、それまでの熱田港から名古屋港へ名称変更し、近代貿易港として歩みだした。

名古屋がビジネス環境に恵まれた背景には、尾張藩にルーツが求められる。尾張藩が尾張全域を支配し、明治後も地域整備を進めやすかった。人口が多く、もともと多彩な人材がそろっていた。

三河は尾張に比べると条件に恵まれているとは言えないが、明治期に入ると産業創生の活発な動きがあった。三河は１００ほどの小藩や旗本領などに分割され、尾張と対照的な地域の特徴があるが、それだけに自立の気風も強かった。

新しい時代への対応も尾張と見劣りしない。例えば、三河では川の水流を動力に利用しガラ紡と呼ばれる綿紡績が盛んになったが、洋式紡績と競う生産量を誇った。

三河でも多くの事業家を輩出したが、このうち中津川出身の田口百三は三龍社を岡崎で１８９７（明治30）年に設立した。品質改良に取り組み、全国有数の製糸工場に成長した。また、尾張、三河とも企業家が続々と銀行を設立。三河では、岡崎銀行（岡崎市）や三遠銀行（豊橋市）などが設立された。

愛知県は新規創業を増やすことが課題とされるが、現状でも全国平均以上の開業率はある。大都市・名古屋のある尾張地区の動きが活発なのは当然として、三河地区も健闘している。自立の気風を受け継ぎ、自動車産業以外からも競争力のある企業が誕生している。例えば、東祥はスポーツジムを展開しているが、地方出店に重点を置き差別化戦略で業績を伸ばしてきた。スギホールディングスは三河からドラッグストアの全国チェーンに成長した。

〝国境〟は境川

尾張と三河は境川を国境としてきた。川幅が狭く、名鉄電車は数秒で境川の鉄橋を走り切る。とても尾張と三河の境界とは思えないが、中世の旅人は境川を印象深く記している。

鎌倉時代の紀行文「海道記」（1223年・貞応2年成立）に境川を渡った時の様子が描かれている。

「山中に堺川あり、身は河上に浮かびてひとり渡れども、影は水底に沈みてわれと二人ゆく。かくて参河の国に至りぬ」

海道記は、京都から鎌倉に下る作者未詳の紀行文。この頃は、境川は国と国との境界を感じさせるのに十分に豊かな川であったようだ。

しかし、江戸時代の絵図をみると、いずれも描かれた境川の川幅は狭く、中小河川のイメージが定着していた。例えば、尾張国元禄国絵図（1701年）の木曽川、庄内川と境川、あるいは天保国絵図三河国（1838年）の矢作川、豊川と境川を比べると、両絵図とも描かれた境川は国境のイメージからほど遠い。

日本書紀の記述から、諸国の国境画定は天武天皇治世下の683年から85年にかけて行われたとされる。尾張と三河の国境も正式に決定した。

境川（国道１号付近）

弥生文化の受け入れが尾張と三河では大きくみると異なっており、この段階では尾張は「西日本」、三河は「東日本」と文化圏が分かれていた。だが、尾張と三河は西日本と東日本のはざまにあり、その境界も時代とともに揺れ動いた。
鎌倉幕府を開いた源頼朝は尾張以東を自ら支配する「東国」と認識していた。1185年に平家が壇ノ浦の戦いで滅亡したあと、源頼朝の許可を得ずに朝廷から官職をもらった東国の御家人を怒り、墨俣川以東に戻ることを禁じた。墨俣川は美濃と尾張の当時の国境であり、現在の木曽川が東と西の境と意識されていたことを物語る。ところが、1221（承久3）年の承久の乱では、尾張の多くの武士たちは京方として戦っている。

もともとは別の地域だった尾張と三河は明治の廃藩置県で一つの県となった。

愛知県は、1872（明治5）年11月に尾張（愛知県）と三河（額田県）が統合し誕生した。歴史を通じて、尾張と三河が一つの行政区域になったのは初めてのことである。愛知県の県名は伊勢湾岸のあゆち潟にちなみ、県庁所在地は名古屋であり、自立心の強い三河の人たちが歓迎しただろうか。

今でも地域性に互いにこだわりを持っているが、愛知県から分離を目指す激しい分県運動が三河から起こった。分県運動は合併直後から1880年代まで粘り強く続き、三河選出の県会議員や国会議員らが繰り返し請願や建白書を国会などに提出した。分県を求める理由として、県庁所在地が名古屋にあり不便なこと、県の予算配分が尾張重視であると受け止められたことなどがあるが、そもそも地域性の違いに基づく対抗意識があった。

その後、三河内にも分県運動に異論が出て落ち着いていく。尾張と三河の地域性の違いは弥生時代以来のものであり、今後もあり続ける。互いに刺激しあい、協調しながらそれぞれの地域をつくっていくだろう。

8 食は尾張から

——尾張と言えば大根だった

江戸時代の人が尾張と聞くと、思い浮かべるのが大根だった。それほど尾張の大根は美味として知られていた。江戸時代の尾張では商品価値の高い作物の栽培が盛んで、名古屋城下の庶民は食を楽しむことができた。ブームの名古屋めしが誕生する条件が江戸時代に準備されていた。

商品性の高い農産物を生産

江戸時代の尾張藩の特産として全国で知られたのが大根である。尾張の大根は絶品とされ、商品価値が高く、現在の大根のルーツとなっている。豊かな濃尾平野は米づくりが弥生時代から行われてきたが、商品性の高い作物の生産も盛んだった。

名古屋めしが近年、人気を集めている。尾張の味で差別化を図り、愛知県で創業した外食企業が各地で店舗を開店するようになった。しかし、食の分野で尾張から全国へ進出したのは名古屋めしが初めてではない。江戸時代、明治時代には野菜の新品種開発が活発に行われ、いくつかの品種は全国へ広がっていった。

米どころでもあり米の品種改良が活発に行われ、愛知県で生まれた品種が１９７０年代には全国トップの作付面積になった。愛知県はものづくりが歴史的に盛んであるとともに、古代、中世からさまざまな特産物を持ち、商品性の高い農産物、海産物で交易をしてきた。

鎌倉時代の紀行文「海道記」の作者は伊勢から尾張に入り、津島から萱津（あま市）へ向かうが、道すがら見た農村の景観を描写している。作者は現在の名鉄津島線にほぼ沿って進んだと推測する。

「見ればまた園の中に桑あり、桑の下に宅あり。宅には蓬頭（ほうとう）なる女、蚕簀（さんさく）に向ひて蚕養をいとなみ、園には潦倒（ろうとう）たる翁、鋤をついて農業をつとむ」

畑の中に桑が茂り、その下に家がある。家の中では髪の乱れた女が養蚕をしており、畑では老人が鋤で農作業をしている。作者が見た尾張西部の農村風景は、自然堤防上の微高地に桑畑が広がり、女性が働き手となり養蚕に励んでいた。

当時の尾張で養蚕が盛んだったことを示す例証として、この描写は度々紹介されてきた。尾張では、収益性の高い農業に熱心だったことを物語る。江戸時代になると、尾張の農家は米づくりとともに、投機性の高い商品作物を栽培し、企業家的な農業経営をしていた。のどかな農村風景はあまり見られなかった。

村ごとに分かれて産地形成

江戸や京都の人にとって、江戸時代の尾張藩を象徴するのが大根だった。尾張の殿様が大根に擬人化されて錦絵に描かれるなど、尾張と言えば大根。尾張大根は絶品として知れ渡っていた。

大根を運ぶ人物の像（下小田井市場跡）

尾張徳川家の将軍家への献上品の一つが大根だった。献上した品種は春日井郡宮重の宮重大根であり、将軍家や御三卿、連枝家に丁寧に梱包して贈られた。

尾張の大根はブランド化し、西枇杷島町史（現・清須市）によると、１８２０年代までには宮重大根（名産大根）、方領大根（大大根）、春福大根などの品種により生産地域が分かれていた。宮重大根は春日井郡宮重、方領大根が海東郡方領、萱津、新居屋、上条など。春福大根は春日井郡落合、蓮花寺など。郡名は、江戸時代のまま記している。宮重大根、春福大根の産地はいずれも清須市内、方領大根はあま市内である。

大根だけでなく、他の野菜も村ごとに販売する主要作物が分かれ、地域を挙げて品質確保に励んだようだ。品種の交雑を防ぐ狙いもあり、大根は村ごとに栽培する品種があった。ねぎは海東郡越津、神守など、ほうれん草は海東郡前田、助光、春田など、びわは海東郡津島、柿は春日井郡朝日、下ノ郷、レンコンは海西郡早尾、赤目、ラッキョウは海西郡東川、西川端、海東郡鹿伏兎がそれぞれの生産地だった。野菜は清須市西枇杷島町にあった下小田井市場（下小田井市）から名古屋城下に出荷されたが、搬送しやすいものは尾張圏外へ運ばれたことだろう。

こうして見てくると、米づくりの余った時間を野菜生産に割いたのではなく、江戸時代後期には消費者に販売することを目的に商品価値のある野菜づくりに力を入れていた。村ごとに分かれて産地形成を進め、商品化を前提に農業経営が成り立っていた。利益を確保するため、農産物の品質が磨かれ、食文化を深めていった。農産物だけでなく、他の食材の改良も進んだ。

下小田井市場は「万物問屋」と言われ、野菜を中心に取扱品目が多岐にわたっていたが、なかでも大根は主要商品だった。幕末から明治初期に刊行された「尾張名所図絵」に市場の様子が紹介され、売り買いでにぎわう中で大根を運ぶ人物が描かれている。この人物が彫像となり、市場跡に建てられている。

名古屋めしは江戸時代の蓄積で誕生

江戸時代の尾張は、大根を加工した切干大根の一大産地でもある。中島郡が主要産地で、伊吹おろしの乾燥した強風を利用し大根を切干大根に仕上げていた。切干大根は村ごとに加工法を工夫し、付加価値を高め、広く流通させることを狙っていた。「お蚕子切干」の産地が中島郡矢合、

「割干」が中島郡山口、馬場、中野、「千切干」が中島郡堀之内、妙興寺などである。「輪切干」は中島郡の隣の丹羽郡曽野で生産した。切干大根は輸送が容易であり、江戸など各地へ販売された。

ここで注目していただきたいのが、大根と切干大根の産地が別々の村であること。大根産地として有名な宮重や方領にも伊吹おろしが吹き付けている。宮重など生大根の村と比べ、切干大根の村は土質の条件などから生大根のままでは産地間競争で優位に立てず、切干大根に製品化して稼いだ。一方、宮重大根には切干大根用の品種もあったが、生大根の生産に力を注いでいる。今日の産地ブランドのように、村ごとに戦略があったことがうかがえる。

切干大根は尾張の重要な特産物であり、藩は流通を統制し、下小田井市場を経由する決まりとしていた。西枇杷島町史によると、1807（文化4）年には矢合、氏永など七カ村の在郷商人が下小田井市場へ出荷せずに、抜荷（ぬけに）をして処罰されている。1829（文政12）年には、前野、中奈良など四カ村の在郷商人が取り調べを受けている。在郷商人は自由な取引を求めていた。

尾張が極めた食材は野菜だけでなく、かしわ（鶏肉）、鶏卵もある。養鶏は尾張藩士が邸内で手掛ける者が出始め、幕末の安政年間には500羽以上飼う藩士もいたという。名古屋城下の朝は鶏の鳴き声で明けた。明治に入り、名古屋コーチンをつくり出した海部壮平、正秀兄弟は元尾張藩士である。

伊勢湾から揚がるエビなどの新鮮な海産物にも恵まれた。さらに、豆味噌、たまりと東海地方が誇る調味料がある。

名古屋の食文化が21世紀になり、名古屋めしとしてブランドづくりに成功する条件が江戸時代までにそろっている。こうした蓄積に明治以降の都市文化が融合して、新しい名古屋の食文化が生まれた。名古屋めしの多くには尾張の食材、調味料が使われている。なかには、尾張の食材、調味料から離れて変化したものもあるが、過去の蓄積がなければ名古屋めしは生まれなかった。

伝統野菜を保存、食文化を守る

米の品種改良も盛んだった。現在のように、コシヒカリなどの人気品種に集中することなく、尾張各村で多くの品種を試した。愛知県史によると、１７３７年成立の「尾陽産物志」をもとに尾張の米の品種を数えたところ、早稲が77種、中稲が１０９種、晩稲が１５４種、糯（もち）稲が71種にのぼる。

米の品種改良は戦後になるまで続き、日本晴という一時代を築く米の品種が愛知で誕生した。愛知県農業総合試験場で開発され、1970年代には作付面積がトップだった。粘りっけの少ないバランスのある食味が特徴で、すしやチャーハンにするとおいしい。多収性でどの地方でも栽培しやすく、全国で作付けが広がった。日本穀物検定協会は食味ランキングの基準米として、2001年まで日本晴、2005年まで日本晴とコシヒカリのブレンド米を採用していた。

しかし、消費志向が変化し、もっちりとした味わいを好むようになり、その志向に応えたコシヒカリが開発されたことで日本晴のシェアは低下していった。専門家によると、「同じ食味でより収穫量の多い銘柄が開発されており、かつてのようなシェアを取り戻すことは難しい」という。2006年以降は食味ランキングの基準米から外されている。

日本晴は主役の座から降りたが、尾張の大根は江戸時代以降、長くトップの地位を守る。大根も多様な品種が開発されたが、なかでも方領大根と宮重大根は全国でも知られ、日本の伝統野菜の代表的なブランドである。

伝統野菜を保存する動きが全国に広がっており、各都道府県は独自に伝統野菜を選定している。愛知県は「愛知の伝統野菜」として21品目35品種を選定。このうち江戸時代から続く野菜が方領大根、宮重大根、大高菜、越津ねぎである。

方領大根はあま市方領で江戸時代に誕生した白首大根で、肉質がきめ細かく「ふろふき大根」として調理するとこれに勝る品種はない。種が江戸に持ち込まれ、練馬大根のもとになったとされる。宮重大根とともに、尾張大根の代名詞的な品種であり、江戸時代は下小田井市場を通じて盛んに出荷され、明治以降も人気を維持していた。しかし、昭和50年代からの「青首大根」人気により需要が急速に低迷した。また、首は太いが、根の先端にかけて細く曲がっている。以前は問題にならなかったどころか、方領大根のおいしさを表す形と捉えられたが、残念ながら今の流通ルートでは扱いにくい。

愛知県が選定した伝統野菜のなかに、白菜「野崎2号」がある。この野菜も食の歴史を飾る品種である。大正時代に中国の山東白菜をもとに名古屋で開発された。結球する白菜の形をつくり出し、日本人の食生活の幅を広げた。

下小田井市場による流通管理

商品作物の生産が尾張で盛んになった背景には、マーケット（名古屋城下）があることに加え、流通機構が全国的にみても早くから整備されたことがある。野菜流通を担った下小田井市場

「問屋記念館」（清須市西枇杷島町）。青物問屋の建物を移築復元

（清須市西枇杷島町）は名古屋開府（１６１０年）と同時期に下小田井の美濃路沿いに開かれたが、問屋組織である株仲間を早々に組織し、問屋制度を整えたとみられる。尾張藩は下小田井市場に青物流通を独占させる特権を与えて流通を管理し、名古屋城下への安定供給、領内外との取引を掌握することができた。江戸神田、大阪天満と並ぶ日本三大青物市場とされた。

流通機構が整ったことにより、名古屋近郊の農業生産は安定的に成長し、名産品が誕生する基盤ができた。江戸時代、現代とも流通機構の整備は、地域経済の安定につながっていく。問屋の歴史的な貢献は大きい。

下小田井市場は、庄内川右岸にある名古屋城下への入口に位置する。ここは城下に最も近い庄内川の渡河地点であるうえ、名古屋から清須、起を経由し美濃へ向かう美濃路が通り、北へ向かう岩倉街道の分岐点でもあった。美濃路、岩倉街道とも自然堤防上に主に築かれ、自然堤防が下小田井で交わるような形になっている。地形上からみても交通の要衝に必然的になる地と言える。背後に肥沃な濃尾平野の農村地帯があり、青物市場を開設するとしたら、誰もがこの場所を選ぶだろう。

さらに、ここに枇杷島橋が架けられ、交通の利便性が高まった。枇杷島橋は1622（元和8）年に架設され、尾張藩が下小田井村の百姓・市兵衛ら2人を枇杷島橋守に任命し、同年から橋の掃除給を支給した記録が残っている。後の1787（天明7）年には新川が開削され、下小田井市場の水運による物流機能も高まった。

下小田井市場は主に名古屋郊外の農村部から青物を集荷し、仕入れに来る八百屋を通じて名古屋城下へ販売した。藩外との取引も下小田井市場を経由していた。市場といっても、共同の売り場はなく、問屋の店先で個別に売買が行われた。問屋数は株仲間の株数により制限され、増減はあったが38軒が定数とみられる。株の相続は実子か養子に限られ、新規創業は事実上難しかった。市場開設に際し「権現様」、即ち徳川家康が関与したとの由緒を持ち、問屋は特権の根拠にしてきたが、家康とのかかわりを明確に示す史料はなかったとみられる。なお、下小田井市場の江戸時代の動向は、主に西枇杷島町史を参照した。

荷主と買主との相対売買が原則で、農家から委託された商品を八百屋に販売した。買主は素人、つまり一般消費者でもよかった。問屋の手数料は原則100文につき4文、4％だが、ここから八百屋からの代金未回収金、出荷に来た農民に提供した副食代などの経費を差し引いたのが利益だった。

名古屋城下の小売商から突き上げ

下小田井市場による流通管理は農業振興、名古屋城下への安定供給に寄与したが、江戸後期になると取引の自由を求め、下小田井市場の地位を脅かす動きが目立つようになる。切干大根を扱う産地の在郷商人は抜荷で対抗したが、名古屋城下の小売店である八百屋も既存の流通機構を突き崩そうとした。現代と同じようなせめぎあいが江戸時代の名古屋で繰り広げられている。

１８１４（文化11）年、下小田井市場が1年を六節季にわけて、節季ごとに清算をするよう張り紙をしたことがきっかけとなり、八百屋側が反発し騒動となった。長年の不満がたまっていたのか、名古屋の八百屋３８５人が新道町（名古屋市西区）の寺院に集まり、一人も下小田井に仕入れに出向かない抗議行動に入った。それと同時に庄内川対岸の枇杷島村（名古屋市西区）で問屋を開設する動きが浮上し、藩が許可を与えた。これには下小田井の問屋は慌てて、問屋が手分けして藩役人に陳情をし、枇杷島村に新設された問屋に商品が渡らないように妨害もした。

１８１４年の問屋と八百屋との紛争は、勘定奉行が示談を申し入れて解決する。枇杷島村の問屋の許可を取り消す代わりに、節季ごとの支払いの張り紙を撤去することになった。八百屋への残金節季払いの要求は取り下げたが、下小田井市場の特権的な立場を一応は守り切った。

江戸時代にも川下の力が次第に強まった（名古屋市街地）

八百屋はその後も下小田井市場による流通統制に抵抗する動きを止めなかった。１８２８（文政11）年になると、一般消費者への販売中止と八百屋の仲買的地位の確立を下小田井市場に求めた。下小田井市場に従属する立場から抜け出し、地位の向上を図ろうとした。これも下小田井市場は何とかかわした。しかし、八百屋の攻勢はさらに続き、在郷商人など産地側の取引の自由を求める動きもあり、下小田井の問屋は特権を維持しつつも、流通の支配は後退していった。

なお、現在の商品流通は、川下の大手小売店による支配が強まっている。川中の卸の業務は浸食され、川上はコスト削減に疲弊している。川下の中小小売業は価格競争や商品構成で大手小売業に太刀打ちできず、商店街はシャッター通りとなった。卸は商品の流通だけでなく、川上、川下の双方にきめ細かい情報を伝え、地域経済の安定に役立つ。筆者は、卸業全般の役割を再評価するべきとの考えを持っている。

問屋の名を取り戻し、明治維新を迎える

幕末に近づくと、下小田井市場は最大の危機を迎える。幕府は1841（天保12）年から翌年にかけて、株仲間による流通の独占が物価高騰の原因とし株仲間の解散を命じた。これを受けて、尾張藩は1842年3月に下小田井市場の株仲間を解散させた。この頃になると、藩も下小田井市場の貢献だけでなく、別の側面にも目を向けるようになっていた。

この時、尾張藩は大半の業種に株仲間の解散を命じている。下小田井市場の青物問屋に加え、菓子問屋、煙草問屋、鉄問屋、材木問屋、呉服・絹布太物問屋、紙問屋、茶問屋、油種問屋、畳表問屋、綿問屋などの株仲間が解散させられた。例外もあり、瀬戸物・美濃物陶器、江戸廻船、酒造、酢作屋など藩外への売り上げが大きい業種、質屋など盗難品取締り、湯風呂屋など風紀取締り、鋳物師など清須越以来の特別な由緒のある業種は解散を免れた。下小田井の株仲間は通常の業種と同じ扱いをされた。

下小田井市場はただちに復権運動を行い、5年間で100両を藩に上納することを引き替えに、「青物売買会所」という名称で3年後の1845（弘化2）年6月に実質的に復活した。下小田井市場は農家からの委託販売をしてきたが、この間は藩が指示する買請制を導入して、何とか営業を続けた。

実質的な下小田井市場の機能を取り戻したが、特権の維持には名目の回復も大切だった。その後、問屋の名称を復活するよう藩への働きかけを繰り返したが、問屋の名称を取り戻したのは1857（安政4）年11月のことだった。株仲間の解散から15年かかったが、下小田井市場は名古屋開府の開設当時のまま明治維新を迎えることができた。

しかし、喜びもそれほど続かず、明治政府により株仲間は解散させられ、下小田井市場は特権的立場を失っていった。明治政府は株仲間を解散した代わりに、商社、会社の設立を勧めた。これを受け、下小田井市場は1875（明治8）年に各問屋が合同し、枇杷島青物商社を結成した。その後も変遷を続け、戦後になり下小田井市場は名古屋市西区に移転、西春日井郡豊山町に再移転し、現在の名古屋市中央卸売市場北部市場となった。

尾張の大根は日本人の食卓に入り込む

江戸時代の尾張を代表する食材の大根に話を戻す。尾張藩が将軍家に献上した大根は宮重大根であるので、名品ぞろいの尾張の大根でも最優秀との評価だった。18世紀前半の記録に宮重大根が記されており、この頃までに固定種として定着したのだろう。江戸や京都に出回り日本一の大根となり、現在の日本人が食べる青首大根のルーツが宮重大根である。形や味は私たちが日頃食べる青首大根であり、日本人の食卓に深く入り込んだ尾張の食文化と言える。

宮重大根は肉質がよく、煮物、漬物など用途が広い。日本で現在生産される青首大根のほとんどは種子メーカーがつくるF1（一代交配）品種であり、遺伝子がどうつながっているのか明らかではないが、宮重大根の系統が入っているとされる。原種の宮重大根に比べ、F1品種はそれぞれに特色を打ち出し、食味も改善している。尾張の食のランキング付けをするなら、筆者は宮重大根の遺伝子を受け継ぐありふれた青首大根をトップに挙げる。

京都の伝統野菜、聖護院大根は宮重大根が原種である。京都で栽培し、太く短いものを選抜し続けたところ、丸い形の固定種になったという。形は宮重大根と全く似ていないが、食味は引き継がれている。宮重大根の原産地では戦後になりウイルス病の蔓延などから生産が低迷したが、宮重大根は尾張から広がり、その遺伝子が今日生産される大根に伝わっている。

下小田井市場には多くの人が集まった。こうした人たちを目当てに、市場のある美濃路沿いには多くの商店が建ち並んだ。種屋は数軒あり、市場へ出荷に来る農民に種子を販売していた。また、宮重大根、方領大根などのブランド野菜の種子の採取、販売は農家の収入源となった。

市場の移転に伴い、現在も営業を続ける種屋はわずか1軒になった。この店の初代は春日井郡蓮花寺（清須市）から下小田井の美濃路沿いに移り創業した。創業年ははっきりしないが、この店の初代・松兵衛は明治22年に62歳で亡くなっているので、幕末も押し迫った時期だろう。下小田井市場が問屋の名目を取り戻し、再び元気になった頃である。

春日井郡蓮花寺と近隣の村は、尾張を代表する蔬菜の産地。宮重大根で有名な春日井郡宮重はすぐ近くにある。出身地の村で良質な種子を調達できたから、種がよく売れる下小田井で創業したと推測するが、1軒の店にも歴史が凝縮されている。

あとがき

渥美窯の工人の名はほとんど伝わっていない。尾張の名品・宮重大根は特別な農民ではなく、村中で品種改良を続けて誕生したのだろう。中部国際空港構想の事業化は前世紀から今世紀初めにかけての大きな話題だが、地域の多くの人が関わった。18世紀後半に名古屋の治水事業を成し遂げた4人は、現代の企業にもいそうだ。石川栄耀は昭和初期の都市計画に手腕を発揮したが、どこかの役所に21世紀の石川がいるだろう。濃州三カ村の森林資源は幾世代にもわたり守り続け、その価値が再評価されている。

こうした英雄や天才ではない人たちの活動が歴史となり、今を生きる私たちに影響を与えている。

新型コロナのパンデミックをきっかけに、社会の変化が加速した。経済の成長エンジンはものから知識や情報へと変わろうとしている。人々が求める豊かさも変わりつつある。こうした時代の過渡期に過去のことを知るのは意味がある。

筆者は地方新聞で長く働いてきた。地方ジャーナリズムの使命は、地域に密着した報道とそれに基づく深掘りである。地域に密着するには、歴史を含め地域のことを知らなければならない。筆者は仕事をするなかで、地域の歴史に関心を持つようになった。地方紙だけではなく、多くの仕事は地域に密着している。地域の歴史を知ることで仕事の役に立つことがあり、日々の業務が楽しくなる。過去と現代、未来はつながっている。

この本のもとになった新聞連載と本書制作では、細越一博氏、高橋良好氏、加藤拓真氏、立松鉄洋氏ら中部経済新聞社の皆さまのサポートを得た。また、新聞連載を出版するため、原稿の修正、加筆、校閲を妻・千佳とともに行った。

後藤治彦

主な引用・参考文献

先進ものづくり

「水沼窯跡発掘調査報告」(石巻市教育委員会、1984年)、「愛知県史・別編中世・近世常滑系・窯業3」(愛知県、2012年)、「愛知県史・通史編2」(愛知県、2018年)、「愛知県史・資料編7古代2」(愛知県、2009年)、「新修名古屋市史・第一巻」(名古屋市、1997年)

ロマンチック都市の誕生

「石川栄耀の初期の都市計画思想と中小都市における実践について―『郷土都市の話になる迄』と豊橋、岡崎、一宮の都市計画から―」(浅野純一郎、日本建築学会計画系論文集第74巻第642号、2009年)、「都市計画法の各地方都市への展開～長野都市計画と豊橋都市計画の場合～」(浅野純一郎、新都市・平成28年9月号)、「石川栄耀・都市計画思想の変転と市民自治」(佐藤俊一、自治総研・2014年6月号)、「名古屋地名ものがたり」(杉野尚夫、風媒社、2017年)

名古屋を守る江戸時代の治水

「新川町史・通史編」(清須市、2008年)、「新川町史・資料編2」(清須市、2007年)、「尾張の畸人伝」(松村冬樹、2015年7月から2016年3月にかけて中部経済新聞で連載)、「新修名古屋市史・第四巻」(名古屋市、1999年)、「新修名古屋市史・資料編近世3」(名古屋市、2011年)、「名古屋市史人物編」(名古屋市、1934年)、「愛知県史・資料編16近世2」(愛知県、2006年)、「細井平洲の経営学―『嚶鳴館遺草』に学ぶ」(童門冬二、志學社、2015年)

渡来人伝承

「席田郡建郡1300年記念船来山古墳群報告会資料集」(本巣市教育委員会、2015年)、「熱田神宮史料地誌編」(熱田神宮宮庁、2015年)、「渡来の古代史」(上田正昭、角川選書、2013年)、「渡来人と帰化人」(田中史生、角川選書、2019年)、「渡来氏族の謎」(加藤謙吉、祥伝社新書、2017年)

難産の末の中部国際空港、愛知万博

「名古屋の博覧会」(名古屋市博物館、1982年)、「はばたけ21世紀へ―中部新国際空港への期待」(中部空港調査会、1996年)、「チャレンジを楽しむ」(平野幸久、中部経済新聞社、2011年)、「愛知県史・資料編26 近代3」(愛知県、2004年)、「愛知県史・資料編27 近代4」(愛知県、2006年)、「愛知県史・通史7」(愛知県、2017年)

尾張藩連携事業

「山村の人・家・つきあい―江戸時代の“かしも生活”①」(太田尚宏、徳川黎明会徳川林政史研究所、2020年)、「御山守の仕事と森林コントロール」(芳賀和樹、徳川黎明会徳川林政史研究所、2020年)、「川路聖謨」(川田貞夫、吉川弘文館、1997年)、「伊藤圭介日記第二集・錦窠翁日記(天保九年六月~七月)」(名古屋市東山植物園、1996年)、「愛知県史・通史編5」(愛知県、2019年)、「この国のかたち二」(司馬遼太郎、文芸春秋、1990年)

尾張VS名古屋

「東海学の創造をめざして」(森浩一編、五月書房、2001年)、「幻の王国・狗奴国を旅する」(赤塚次郎、風媒社、2009年)、「醤油・味噌・酢はすごい」(小泉武夫、中公新書、2016年)、「愛知県史・通史編1」(愛知県、2016年)、「愛知県史・通史編5」(愛知県、2019年)、「愛知県史・通史編6」(愛知県、2017年)、「中京財界史」(城山三郎、1955年に中部経済新聞で連載、1956年に中部経済新聞社で出版)

食は尾張から

「西枇杷島町史」(西枇杷島町、1964年)、「日本のふるさと野菜」(日本種苗協会、2009年)、「愛知県園芸発達史」(愛知県、1981年)、「愛知県史・通史編4」(愛知県、2019年)、「新修名古屋市史・第九巻民俗編」(名古屋市、2001年)

[著者略歴]
後藤治彦（ごとう・はるひこ）
1959年1月生まれ。立命館大学文学部地理学科卒業。
中部経済新聞社で主に編集業務に従事。経済部長、編集局長、販売局長、管理局長などを経て、常務取締役兼論説室長。

現代に息づく東海のDNA

2021年3月20日　初版第1刷発行

・

著者　後藤　治彦

発行者　恒成 秀洋　発行所　中部経済新聞社

名古屋市中村区名駅4-4-10　〒450-8561
電話 052-561-5675（事業部/出版）

印刷所　モリモト印刷株式会社　製本所　株式会社三森製本

ISBN978-4-88520-232-2　C0021